Why don't chimpanzees "teach"

木村史人

チンパンジーは、なぜ「教え」ないのか

ヒトにできて、チンパンジーにできないことを哲学的に考える

晃洋書房

目次

第2章　意図を哲学的に問い直す

凡例

一、引用・参照箇所を示す場合、原則、著者名と刊行年、頁数のみを本文中に記し、詳細な文献情報は巻末に掲載している。例えば、第1章で最初に参照される（松沢 二〇一一、一二）は松沢哲郎『想像するちから――チンパンジーが教えてくれた人間の心』（岩波書店、二〇一一年）の一二頁を意味している。

一、外国語文献に邦訳がある場合は、原書は算用数字、邦訳書は漢数字でその頁数を示している。例えば、（Tomasello 1999, 4: 四）は、Tomasello, Michael (1999) *The Cultural Origins of Human Cognition*, Harvard University Press, Cambridge. の p. 4 と、その邦訳である『心とことばの起源を探る』大堀壽夫／中澤恒子／西村義樹／本田啓訳、勁草書房、二〇〇六年の四頁を指示している。また、翻訳書のみを指示する場合は、著者名をカタカナとした。

一、引用文中の〔 〕は引用者による補足や補註を示す。また、原語を表記するに際しては、引用文中においても（ ）を用いる。〔……〕は中略を示す。

一、外国語文献を引用するさい、必ずしも既訳をそのまま使用せず、文脈に応じて変更している。既訳の訳者のみなさまには御礼申し上げる。

一、本書で掲載されている図はすべて筆者が作成したものである。

一、本書は問いに対して応答するという形で議論が進んでいくが、それぞれの初出の箇所を巻末にまとめている。

序章　ヒト＝チンパンジー＝？

1　ロゴスを持つ動物

「ヒト（人間）とは何か」という問い（問い①、問い①-1-1）は、古くて新しい問いである。古いというのは、哲学が開始した当初から、あるいはさらに太古の時代から、人類が問うてきた問いであるためである。新しいというのは、二〇世紀以降でも、現象学者や実存思想家たちが根幹に据えた問いの一つであり、現代科学の中では脳科学や遺伝子学、認知科学の進展によって加速度的に新たな知見が蓄積されている問いであるためである。例えば、二〇世紀を代表する哲学者であるマルティン・ハイデガーは、主著『存在と時間』（一九二七年）において「存在の問い」の再考を試みたが、そのために遂行されたのはヒト（現存在）の実存論的な構造分析であった。また、脳科学の目覚ましい進歩は、ヒトの意識のあり方を問う手がかりを増加させており、遺伝子学の進展はヒトの発生・成長のメカニズムを明らかにしつつあるとともに、他種との境界線を問い直す契機となっている。また、上記の進歩と合わせて、認知科学の発展は、様々な分野の知見（例えば、本書でも言及する言語学）の刷新を続けている。

本書で考えたいのは、以上のような歴史を有し、しかしいまだ統一的な結論の出ていない「ヒトとは何か」という問いである。この問いに対して、古代ギリシアのアリストテレスが人間を「ロゴスを持つ動物」と定義したことはよく知られている（応答①-1-1）。この定義は、人間もその他の動物、例えば犬や猫なども、同じ「動物」という類に含まれるが、「ロゴス」という種差によって、人間だけが他の動物から区別された存在であることを主張している。

しかし、（アリストテレス哲学に通暁することなく表面的に）以上のように解した場合、アリストテレスの「ロゴスを持つ動物」という定義は、このままでは少なくとも次の二つの点で不十分であるといえる。

第一に、ロゴスとは何かが不分明である。ギリシア語のロゴスの代表的な訳語として、「言葉」、「理性」、「比」などがあるが、アリストテレスが人間の種差として指示するのは、どの意味なのだろうか。「言葉を持つ動物」、「理性を持つ動物」、「比を持つ（比を解する）動物」と訳してみると、それぞれヒト（人間）の本質に肉薄しているようにも思えるが、それぞれで言われていることは異なっているだろう。

第二に、以上のようにアリストテレスの「ロゴスを持つ動物」を解した場合、「ロゴス」だけではなく、「動物」もまた不分明である。アリストテレスは、あるものの定義とは「最近類」との「種差」であるとしたのであり、どの動物でもいいというわけではない。つまり、ヒト（人間）の「最近類」である動物をまずは確定し、その相違を確認しなくてはならない。

「ヒト（人間）とは何か」を明らかにするために、アリストテレスの「ロゴスを持つ動物」という定義が手がかりとなるとしても、「ロゴスとは何か」、「動物とはどの動物で、それとどのような相違があるのか」というさらなる問い（問い①-1-2）を問わなくてはならない。とはいえ、本書の目的は、アリストテレスが「ロゴスを持つ動物」という定義をどのように理解していたのか、という、アリストテレスに内在的な研究を行うことではない（筆者にはその力量はない）。そうではなく本書では、現代の哲学・科学の知見を動員することで、これらの問いに応答することを試みたい[1]。

2 「ヒトーチンパンジー＝？」（問い①-1-3）

しかしながら、ロゴスが多様な意味を有しているように、ヒトのみにでき、他の霊長類、例えばより限定してチンパンジーにはできないこともまた、多様であるように思われる。先述した「言語能力」「比を理解する」だけではなく、例えば道具を使用することや、共同で事に当たる際にそれぞれの「役割」を理解し、それを適宜交換することなども、あるいは早朝に歩いているサラリーマンらしき者を見て「出勤」とみなすこと、あるものや行為、出来事の「意味」を理解すること、さらには歴史を物語ること、そして「存在（あるということ）」を理解することなども、チンパンジーには難しいように思われる。

これらのヒトにのみ可能である多様なことが、それぞれ別個の機構によって可能になっているとすれば、「ヒト－チンパンジー＝？」への応答は、無数の機構となるだろう。しかしながら、本書第1章で瞥見するように、認知心理学者のマイケル・トマセロは、進化の時間的制約からヒトとチンパンジーを隔てる能力として、そうした無数の機構が備わったとは考えづらく、そのため、両者を隔てる能力は一つだけであるという仮説を提唱している。本書では、このトマセロの説を作業仮説として採用し、先述したチンパンジーには不可能でヒトにのみ可能な様々な能力が、たった一つの機構によって可能となることを示したい。先んじて述べるなら本書では、チンパンジーとヒトを分けるたった一つの機構を、ハンス・ヨナスの思想を手掛かりに、「距離を空ける」という働きとして提示する。つまり、先述したような、言語能力、道具の使用、役割・行為の意味の理解、歴史を物語ること、そして「存在（あるということ）」の理解は、チンパンジーの有する知覚や記憶力といった機能に「距離を空ける」という一つの能力を追加することによって可能となる、というのが本書で筆者が提示するアイデアである。

また、ヒトにはできてチンパンジーにはできないこと（非能力）の一つに、「教える」・「教わる」ことができないということがある。本書のタイトルは、「チンパンジーは、なぜ「教え」ないのか」であり、「教える」・「教わる」ことは主題的なテーマの一つである。ヒトの子どもは親や大人から様々なことを教えてもらうことによって、学習していく。それに対して、チンパンジーの場合は、大人がしていることを子どもが見て学ぶことはあっても、大人が子どもに教えることはないという。本書では、ヒトのみが「距離を空ける」ことができることによって、「教える」・「教わる」ことができることを明らかにする。

3　本書を主導する五つの問い

本書の論述は、問いを提示し、それに応答するという仕方で進行していく。問いによってはすぐに応答されるものもあれば、後のほうで応答がなされる問いもあるだろう。また、応答が一応なされたとしてもそれは暫定的であり、その応答が新たな問いを惹起するということも多い。それら問いと応答の関係は、可能な限り問いと応答に番号をふることで、読み手にわかりやすくするつもりである。また、どこでどのような問いが提起され、どこでそれに対する応答がなされたのかということは、本書の巻末に問いと応答の対応表を掲載しているため、読者はそれを手掛かりに、気になった問いと応答を行きつ戻りつすることができるだろう。

本書を主導する問いは、大きく分けると五つであり、これらの主導的な問いを解き明かすために、さらに複数の問いが提起されることになる。主導的な問いの一つ目は、すでに提起した本書の根本的な問いである「ヒトとは何か」という問い（**問い①**）である。この問いを検討する過程で、ヒトに特有の能力とは、他者や道具の「意図」を読み取ることができる能力である、とするマイケル・トマセロの応答に出会う。そこで、ヒトが自他の行為の意図や道具が何のために作成されたのかという意図を「透明に」読み取ることができることを検討する必要があるため、二つ目の主導的な問いである「意図とは何か」（**問い②**）が提起される。この問いでは、哲学的な議論を参照することで、「意図」の構造を精緻に解明することが目指されるが、その過程で、ある者の「意図」を読み取ることは、その者が「誰」であるのかということと関係していることが判明するため、三つ目の主導的な問いとして、我々がある者が「誰」であるのかをいかにして理解しているのかという「誰の問い」（**問い③**）が提起される。

この二つの問い（**問い②**、**問い③**）については、第2章において主題的に解明されるが、しかし結局のところ、「意図」や「誰」を含む「意味」一般の構造を解明する必要が出てくる。そのため、四つ目の主導的な問いとして「意味の問い」（**問い④**）が、第3章で探究される。またさらに、ヒトはそもそも路傍の石の内に「意図」を読み取ることはほとんどないが、電車に乗っている者に対しては、「意図」（例えば、「会社に行くために」）を読み込んでしまっている。

つまり、「意図」を読み込むべき〈他者〉とそれ以外とを、ごく自然に区別してしまっている。このような、ヒトがごく自然としてしまっているような〈他者〉とそれ以外のものとの区別が、いかに成立しているのかを明らかにするために、五つ目の主導的な問いとして「〈他者〉の問い」（**問い⑤**）が第4章で探究される。

4　学際的に「人間とは何か」を問う

本書は「ヒト－チンパンジー＝？」という問いに応答することを目指す。そのため、筆者は哲学を専門に研究する者であるが、本書の研究は哲学を出発点とせず、チンパンジーについての研究から出発し、認知科学の成果からの**問い①**への応答を確認する。このように、本書の考察は、哲学だけに限らない学問を横断するという意味で、学際的な性格を有する。チンパンジーについての研究や認知科学からの成果について、本書はそれを参照し援用するだけで、（例えば新奇な仮説のもとで新たな実験を行うなどの仕方で）新たな成果を付け加えるものではない。しかしながら、別の仕方で、それらの成果をブラッシュアップするという性格を有すると考えている。それは、しばしばチンパンジーや認知科学の研究者が素朴に使用しがちな概念、例えば「意図」や「役割」、「意味」などを、哲学的に捉え直すという仕方でなされる。例えば「意図」という語を、我々は日常的に「あの人の意図は……」などの仕方で用いることができ、それゆえ「意図」とは何かをわかっており、それ以上の解明は不要であるかのように思い込んでいる。

しかし、本書で示されるのは、そのような一見自明と思われる概念であったとしても、実はそうではないのであり、哲学的に捉え直す必要があるということである。このような捉え直しは一見したところ、哲学という衒学的な学問からの、余計な付け足しであるようにも思われる。しかし、筆者はそうは考えていない。例えば、本書でも導きの糸の一つとするマイケル・トマセロという認知科学者は、本書の根本的な問いである「ヒト－チンパンジー＝？」を問う研究者の一人といえるが、第1章では、彼の方法では、この問いに応答しきれていないことを指摘する。筆者の立場からいえば、トマセロの研究の限界は、例えば「意図」という語について日常的な解像度に留まっているところにある。本書におけるような、「意図」、「役割」、「意味」などについての哲学的な考察を踏まえなければ、「ヒトーチンパンジー＝？」という問い、つまり「ヒトとは何か」という問いは応答されえない、というのが筆者の基本的な立場である。

さらに本書では、「ヒトーチンパンジー＝？」という問いに応答するために、哲学の中でも様々な学派の洞察を活かした考察を行う。このような方法は、哲学という学問に不慣れな方には、あまり違和感がないかもしれないが、哲学の研究においては、一般的ではないやり方であるといえる。というのは、現代哲学は大きくドイツ哲学・フランス哲学などの大陸哲学と、イギリスやアメリカで発展した分析哲学に分かれるとされ、さらにその中でも細分化されている現状がある。哲学研究の著作のほとんどは、例えば「誰々（例えば、カント）の哲学の研究」というように、以上の区分のどれか一つの内で書かれたものである。

筆者の研究の出発点は、大陸哲学の中でもドイツ哲学、そしてフッサールが創始した現象学、そして特に、フッサールの弟子のマルティン・ハイデガーの哲学であり、現在でも一応哲学の学会などでは（おそらく）「ハイデガー哲学の専門研究者」とみなされている（はずである）。しかし、本書では、ハイデガーの哲学への言及はそれほど多くはなく、むしろ第2章以降では、分析哲学に属するアメリカの哲学者アンスコムやダントの思想について主題的に考察している。あるいは第3章ではソシュールを嚆矢とするような言語学、特に現代の認知言語学の知見を、そして第4章では、ウィトゲンシュタイン／クリプキ、日本の社会学者の大澤真幸の考察に依拠して、議論を進める。筆者の考察のスタイル自体は、現象学やハイデガーの存在論的・実存論的に大きく影響を受けているものの[2]、本書の研究は特定の哲学についての研究ではないし、ある哲学の一つの分野の成果に依拠しているわけでもない。

5　本書の構成

ここまで確認してきたように、本書は、多様な研究を参照しつつ議論を行う。そのため、論述の繋がりや、そのつどの議論で何を目指してなされているのかが読者に見えにくくなるかもしれないという懸念がある。そこで、本節では、あらかじめ本書の論述とそれによって明らかとなる成果について概観しておこう。

まず、第1章において、「ヒト－チンパンジー＝？（ヒトの最近類の動物であるチンパンジーとヒトとの相違は何か）」という問いが何を問おうとしているのかを確認する。具体的には、まず、動物心理学者・霊長類学者の松沢哲郎のチンパンジーに関する知見、および認知心理学者のマイケル・トマセロらのヒトの幼少期についての研究を参照する。ヒトとヒト以外の霊長類の相違に関する仮説を確認し、トマセロがヒト特有のものとして提示する能力である、他者が同じものに対して注意を向けていることを理解できるという「共同注意（joint attention）」という能力を検討する。そのうえで、ヨナスの想像力についての洞察を踏まえて、ヒト特有の能力として「距離を空ける」という働きを仮説的に提示する。

しかしながら、この段階での「距離を空ける」という働きは、「ヒト－チンパンジー＝？」に対しての暫定的な応答でしかない。というのは、この段階では、「距離を空ける」ことから「共同注意」がいかにして可能となるのかということも部分的にしか解明されず、またこの「距離を空ける」ことがヒトにのみ可能なその他の能力、例えばヒトのみが「意味」を理解でき、言葉を用いたコミュニケーションを行うことができたり、複数の道具を組み合わせて用いることができたりすることなどをいかに可能にするのかという理路も示されないためである。第2章以下では、「距離を空ける」ことから、これらのことが可能となることを示すことが目標となる。そこで、第2章と第3章では「意味」の構造を二つの観点から解体することによって、「距離を空ける」ことが可能であることにより、ヒトのみが「意味」を理解でき、そのことによって他者の「意図」を読み取ることや、言葉を用いたコミュニケーション、複数の道具を組み合わせて使用することなどが可能となったということを示す。

さて、「共同注意」とは他者が同じものに対して注意を向けていることを理解できるという能力であるが、しかし改めて考えてみると、これは不思議なことではないだろうか。というのは、我々は他者の頭の中をじかに覗き見ることができないにもかかわらず、我々は他者が何に注意を向けているのか、つまりその意図を見て取ることができてしまっているためである。他者の「意図」を見て取ることは、我々にとってはほとんど意識しないままに「してしまっている」ことであるために、それを可能にする構造を意識することは、ほとんどない。しかし、トマセロらが指摘するように、このような他者の「意図」の読み取りと、それによって可能となる「共同注意」に、ヒトとヒト以外の動物の分水嶺があるとすれば、我々がいかにして他者の「意図」を読み取りうるのかを問わなければならない。

第2章以降では、第1章で提出された「意図の問い」（問い②）に応答するために、哲学的な洞察を参照する。まず、アメリカの分析哲学者であるアンスコムの「意図（Intension）」についての洞察を参照する（第2章1）。アンスコムの「意図」についての考察を参照することで、「実践的推論」によって導き出される「実践的知識」のもとで、その行為を位置づけることで、その者の「意図」が理解可能となることが示されるが、同時に、そのような自他の「意図」の理解には自他が「誰」であるかの理解が関係していることも指摘される。そのため続いて、自他の行為の意味は、その行為者の物語における「役柄（character）」に関係しているというマッキンタイアの物語論とハイデガーの世人論を参照する（第2章2）。マッキンタイアの物語論とハイデガーの世人論を参照することによって、我々はある者が「誰」であるのかを理解することで、その者の意図を読み取ることができていることが判明する。

しかしながら、それではそもそも「物語」とは何であろうか。そこで第2章3では、「物語」の構造を理解するために、分析哲学者のダントの「物語文」についての洞察を参照する。「物語文」とは、〈始まり〉から〈終わり〉への変化を説明することであり、「意図」や「役柄」もまた「物語文」の構造を有することが明らかになる。そのうえで第2章4では、〈終わり〉に着目しつつ、そこから「距離を空ける」ことによって、〈始まり〉から〈終わり〉への変化を物語ることが可能となることを示す。つまり、「距離を空ける」ことができることによって、ヒトのみが物語ることができるようになったのであり、そして物語文から構成された実践的知識において他者を位置づけるからこそ、他者の行為の「意図」を読み取ることができること、さらに「共同注意」が可能となることが示される。

第2章の考察では、「物語文」の〈始まり〉→〈終わり〉という構造によって、ある者の「意図」が理解可能になることが示されるわけであるが、しかしながら、〈始まり〉と〈終わり〉が具体的ではないもかかわらず、「意図」が看取できるのはなぜか、という問いが残されることになる。そこで、第3章では物語文を構成する〈始まり〉と〈終わり〉とが曖昧であっても、ある行為の「意図」が理解可能である理由を明らかにするために、「意味」一般の構造の分析を試みる。その結果、第2章において判明となった「意図」や「役柄」が物語文〈始まり〉→〈終わり〉という構造を有することが、「意味」一般でも同様であることが示されることになる。

第3章1では、認知言語学の知見を参照しながら、ある意味が物語文から構成されながら、「「その意味ではない意味」ではない」という仕方で、「二重の否定」によって規定された体系において成立していることを示す。そのことを通じて、他者の行為の意味や「誰」の意味が理解されているあり方が明らかとなる。そのうえで、第3章2では、そうした構造を有する意味の習得の局面に着目し、「距離を空ける」ことによる物語ることから意味が生成すること、そしてはじめは規範的な意味からずれた仕方で理解されていた意味が、〈他者〉による「否定」によって修正されることを明らかにする。

そして、第3章3では、そこまでの議論を総括し、第1章で確認した、ヒトにはできるがチンパンジーにはできないことについての問いに、「距離を空ける」という働きから応答する。具体的にはチンパンジーが「役割」を理解できないこと、子どもに「教える」ことができないこと、道具の使用に限界があること、誤信念課題に正答できないこと、ヒトのようには意味を理解できないことは、ヒトのみが可能である「距離を空ける」という働きがチンパンジーには備わっていないためであると論じる。

第3章では、はじめは規範的な意味からずれた仕方で理解されていた意味が、〈他者〉による「否定」によって修正されることが示されることになるが、このようにして意味の習得がなされるとすれば、意味の理解は常に暫定的であり、現在完全に理解されていると思われる意味であったとしても、その意味が「否定」されるという可能性は常に残り続けていることになる。しかし、学習過程の子どもであれば、自分の理解が不十分であることに自覚的であるかもしれないが、ヒトの大人は普通、例えば「赤」や「歩く」ということの意味を理解しきっていると自認している。つまり我々の意味の学びは「完了」という様態において現れているといえるが、このことを可能にしている機制を明らかにする必要がある。また、第3章までの議論では、意味の学びにおける〈他者〉の「否定」の機能については解明されたが、しかしそもそもそのような〈他者〉とはいかなる仕方で成立するのか、つまり一般的に他者とされるもの（例えば、親や友だち）と一般的に他者でないもの（例えば、机や石ころ）との違いがいかにして成立するのかは示されていない。さらには、〈他者〉であったとしても、教師と同級生ではその「権威」が異なるだろうが、第3章までの議論では、そのような違いがいかにして生じるのかも解明されていない。

そこで第4章1では、〈他者〉がいかに生成されるのかを、大澤真幸が提示する「求心化—遠心化作用」から解明したうえで、その「求心化—遠心化作用」が本書の根本的な概念である「距離を空ける」という働きによって解きほぐして理解できることを示す。そのうえで、第4章2では、一度形成された意味を「否定」することができる権威ある〈他者〉の成立を、大澤の「第三者の審級」とその成立の機構である「間身体的連鎖」を参照することで明らかにする。そのうえで、「間身体的連鎖」が物語としての意味を共有することにおいて生起することを示す。これらのことが明らかになることによって、我々の意味の理解が暫定的であるにもかかわらずそれが隠蔽され、「完了」という様態において現れる機制と、なぜ大人が子どもへ教えることが成功するのか、別言すれば、教えることの内容が同じであったとしても、その〈他者〉の有する「権威」によってその効果が異なる理由が明らかとなる。

注

（1）この「ヒトとは何か」という本書の根本的な問いについての研究としては、主に、人類学や霊長類学、言語学などの専門家による、リーキー 一九九六、正高 二〇〇六、正高・辻 二〇一一、コーエン 二〇一二、吉川 二〇一八、次田 二〇二一などの研究がある。本書とそれらの研究との違いは、主に哲学という視点から問うことによって、新たな仕方で応答を試みる点にある。

（2）「筆者の考察のスタイル自体は、現象学やハイデガーの存在論的・実存論的に大きく影響を受けている」ことについて、もう少し補足しておこう。ハイデガーは『存在と時間』において、我々が日常でなしているような行為や、日常的に出会われている物との出会いを可能にしている構造の分析を、「存在論的」・「実存論的」と呼んでいたが、本書の考察もまた、そうした我々が日常的に出会っているものとの出会いを可能にする構造を分析し、解明することを志向している。具体的には、我々は早朝の電車の中で出会ったサラリーマンらしき者を「出勤中」とみなすが、そのようなみなしは、我々の理解の存在論的・実存論的な構造によって、いかに可能となっているかについて本書では分析していくことになる。

第1章　ヒトに特有の能力としての「距離を空ける」こと

ニホンザルとチンパンジーとヒトを二つのグループに分けなさい。この問いに対して、あなたは何と何を同じグループに分けるだろうか。おそらく、多くの人は直感的に、ニホンザルとチンパンジーを一つのグループに、ヒトをもう一つのグループに分けてしまうのではないだろうか。しかし実は、我々の直感に逆らって、人間とチンパンジーのほうが遺伝子的に近いとされる。つまり、人間とサルの間のゲノムの違いは約六・五パーセントであるのに対して、人間とチンパンジーの間の違いは約一・二パーセントでしかないのであり、進化の過程では、三〇〇〇万年前ごろに共通する祖先からサルとチンパンジー／人間に分岐し、さらに、五〇〇万年前に、人間とチンパンジーとが分岐したということのようである（松沢 二〇一一、一二）(1)。

しかしながら、以上の科学的な結論は、ヒトとチンパンジーの間にある能力の懸隔を考えれば、直感的には首肯しづらいだろう。確かに、本章でこれから確認するような、チンパンジーについての研究の成果を踏まえれば、チンパンジーは一般に思われているよりも遥かに高い知性を有している（松沢 二〇一一；松沢 二〇一八；木村 二〇二〇）。しかしながら、チンパンジーがこれまで文化・文明というものを築き上げたことはなく、ヒトと同様に意味を理解できるわけでもない。

本章ではまず、霊長類学者の松沢哲郎の研究を参照する（第1章1）。松沢の研究を参照することによって、一般に思われているよりもチンパンジーが遥かに高度な知性と能力を有すること、しかしヒトとの間には決定的な断絶が存することが判明するはずである。その断絶として特に注目したいのは、チンパンジーはヒトと同様には「意味」を習得・理解することはできないという事実である。

続いて、認知心理学者のマイケル・トマセロの、ヒトとヒト以外の霊長類の間の相違を生み出す要因は進化の過程からすれば、「一つだけ」に絞られるという仮説を確認したうえで、彼が両者の相違として重要視しているのは、他者の「意図」を理解できる能力であること、さらに他者の「意図」の理解の発現として、彼がヒトの赤子の生後九か月頃に発現すると指摘する「共同注意」に注目する（第1章2）。最後に、ヨナスの想像力についての洞察を踏まえて、ヒトに特有の能力として「距離を空ける」ことを提示する（第1章3）。

1　チンパンジーのできること（能力）とできないこと（非能力）

本節では、松沢哲郎の『想像するちから――チンパンジーが教えてくれた人間の心』（二〇一一年）および『分かちあう心の進化』（二〇一八年）を中心に、チンパンジーについての研究成果を確認したい。チンパンジーに着目するのは、チンパンジーがあらゆる動物の中で、ヒトと遺伝子的にも最も近い種の一つであり、また本節で確認するように、かなり高度な知性を有しているためである。

まずチンパンジーにできること（能力）を確認する（第1章1（1））。続いてチンパンジーにはできないこと（非能力）を確認する（第1章1（2））。

（1）チンパンジーにできること（能力）

松沢の実験によって明らかになったことの一つに、チンパンジーの記憶力の特性がある（松沢 二〇一一、一六九以下；今井 二〇一六、三以下、一四）。例えば一瞬画面に提示された数字をその数字が消えた後に順番に押していくという訓練を受けたチンパンジーは、一〇を超える数字を一瞬で記憶できるようになり、またその記憶をしばらくは保持できることが確かめられた。この実験結果からは、チンパンジーはかなり高度な瞬間的な記憶力を有しているといえる［チンパンジーの能力1］(3)。

さらにチンパンジーは、物（道具）をある目的のために使用することができる（松沢 二〇一一、八一以下；松沢 二〇一八、一二七以下）。具体的には、二歳前から棒を使ってサファリアリを釣ることや、シダの葉を使って水藻をすくって食べたり、ヒボフリナムという植物の、幅の広い葉を、縦半分に折り、それから舌を使って、山・谷・山・谷と蛇腹のように折りたたみ、水を飲むことなどができる。このように、チンパンジーは、道具と対象というように一対一の関係で物を操作することができる（このような道具を松沢は「レベル1道具」と呼ぶ）(4)。松沢によれば、ラッコが貝を石に叩きつけて割るというように、他の動物でもこのような一対一の道具の使用は見られるが、チンパンジーの道具使用もまた、ほとんどがこのような一対一の使用である。しかしそれだけではなく、あるグループのチンパンジーは、四～五歳くらいから一組の石をハンマーと台として使ってアブラヤシの種を割り、中の核を取り出して食べるというような、三つの物（石と台石と種）を関係させる「レベル2道具」の使用を認めることができるという。さらに松沢は、「レベル3道具」として、種を割るときに、ハンマーと台のほかにさらに、種を固定するために楔石を使用するというケースも見られると報告している(5)。このように、チンパンジーは複数の道具を組み合わせて使用するという能力を有しているといえる［チンパンジーの能力2］。

また、松沢は社会的知性の発達を、「親子のあいだのやりとりがある」という第一段階、「同じ行動をする」という第二段階、「同じ行動をしているときに、誰かが違う行動をすると、その行動を真似る」という第三段階、「他者の行動を見てどういう気持ちになるのかわかるようになる」という第四段階に分けたうえで、サルには四段階全部「ない」が、チンパンジーとヒトには全部「ある」とする（松沢 二〇一一、五七以下、七八；松沢 二〇一八、九六以下）。例えば、チンパンジーの二歳半の子どもが、枝と枝との間が離れていて渡れなくて泣いているときに、お母さんが振り向いて、手を差し出して引っ張り上げるという行動をとることがあるという。また、群れで道を渡るときに、大人の男性がまず安全確認をし、その後も群れが渡り終えるまで見張りをし、しんがりをつとめるといった、利他的行動をとることがあるようである。これらのことから、チンパンジーが人間の四、五歳に相当するような、他者の心を理解する社会的知性を有する、と松沢は述べている［チンパンジーの能力3］。

また、松沢によれば、チンパンジーは訓練することによって、単に物を要求する際に手話などを用いるだけではなく、事象を記述するという「言語的な行動」をすることができる（松沢 二〇一一、九八以下；松沢 二〇一八、一四八以下）。例えば、五本の赤い鉛筆を見せられて、数字の「5」、色の図形文字の「赤」、そして物を表す図形文字の「鉛筆」を示す記号をキーボードの中から選ぶことができる［チンパンジーの能力4］。

以上のような研究結果は、従来の常識では人間にのみ認められると考えられていた能力のいくつかが、チンパンジーにも認められることを示している点で、非常に興味深いといえる。しかしながら、問題は以上のようにかなり高度な知性を有するにもかかわらず、チンパンジーはやはり人間と同様には、道具や言語を用いることはできず、他者の心といったものを理解することもできないという事実である。次は、そのような非能力について確認しよう。

（2）チンパンジーにできないこと（非能力）

先ほどは、チンパンジーの四つの能力を確認した。そのうち［チンパンジーの能力3］として挙げたような社会的知性の存在からは、チンパンジーが他者の存在を理解しているように思われるが、しかし、チンパンジーにはごっこ遊び（ロールプレイ）や、そこで見られる役割分担や互恵性はないとされる（松沢 二〇一一、七八；松沢 二〇一八、一二四以下）。つまり、利他的行動まではチンパンジーにもあるが、それが相互に交代しないとすれば、それはなぜだろうか（［チンパンジーの非能力1］＝問い①‐2‐1）。

さらに、［チンパンジーの能力2］として挙げたような道具の使用は、子どもが周囲の大人たちを模倣することによって可能になるが、その際のチンパンジーの教育と学習の特徴は「教えない教育、見習う学習」であるとされる

（松沢 二〇一一、一三七以下；松沢 二〇一八、一三三以下；vgl. 小林・佐々木 二〇〇八、三六）。チンパンジーの大人は子どもに自分の行動を手本として示し、子どもがそれを見て学ぶことは許す。しかし、人間の教育がそうであるように、意図的に教えたり、さらに「こうやって割るんだよ」「この種がおいしいよ」「こっちの石のほうがいいんだよ」のように「手を添える」というような仕方では、子どもに何かを教えることをしないとすれば、それはなぜだろうか（**[チンパンジーの非能力2]** ＝**問い①-2-2**）。

また、道具の使用に関しても、人間であれば、「レベル2道具」は勿論、「レベル3道具」にさえとどまらず、複数の道具を組み合わせて目的を達成することができるが、チンパンジーは最大限好意的に見積もっても「レベル3道具」が限界とされる。これはなぜだろうか（**[チンパンジーの非能力3]** ＝**問い①-2-3**）。(6)

これらの非能力は、チンパンジーが、人間と同様に他者の存在を捉えていないことを示唆しているだろう。これらの非能力について、松沢はさらに、チンパンジーが誤信念課題に正答することができないことを指摘している。誤信念課題とは、他者が自分とは異なった信念を持つことを理解できる「心の理論」が成立していることの指標とされ、様々なバリエーションがあるが、(7)松沢が例として挙げている平田聡の考案した「ピクニック編」とは、以下のような問題である。

男の子と女の子がいます。
女の子はピクニックに行こうと思って、ジュースをかごに入れて部屋に入ってきました。ジュースを冷やして持って行きたいと思ったので、冷蔵庫にジュースを入れて、かごを横へ置いて、その部屋を出ました。
次に、男の子がその部屋へやって来て、お腹がすいたんでしょうね。冷蔵庫を開けたら、そのジュースが冷えている。「あ、このジュースおいしそうだな」と思って、ジュースを飲もうと思ったのだけれど、「あ、コップがないや」と思って部屋を出ました。

女の子がまた入ってきました。「あ、ジュースが十分冷えているな」「さあピクニックに行こう」ということで、ジュースをかごに移しました。そこで、服を着替えるために、またいったん部屋を出ました。

男の子がコップを持って帰ってきました。男の子はどっちへ行くでしょう。冷蔵庫へ行くかな？　かごのほうへ行くかな？（松沢　二〇一一、一〇四―五）

ヒトの大人であれば、実際にジュースがあるのはかごの中であるが、男の子には冷蔵庫にジュースがあると認識されていることがわかるので、つまり男の子の立場に立って考えることができるので、男の子は冷蔵庫に行く、と答えるだろう。しかし、チンパンジーやヒトの幼児は、そのように男の子の立場に立って考えることができないため、この問題に正答することはできないとされる（**【チンパンジーの非能力4】**＝問い①-2-4）[8][9]。

さらに、空間の認知においても人間とチンパンジーは同じではない。例えば、チンパンジーは三個の積み木がある場合、それを順番に積み上げるという一次元の模倣をすることはできるという。それに対して、まず積み木を一個置いて、ちょっと離してもう一個積み木を置いて、その両方にかかるように、つまり門の形になるように最後の一個を載せる、という二次元の模倣をすることはできないという。このような二次元の模倣は、人間の大人ならばすぐにできるし、人間の子どもの場合、三歳未満だと難しいが、満三歳ならばできるという。それに対して、チンパンジーの場合、大人でもできず、ただ積んでしまうという（**【チンパンジーの非能力5】**＝問い①-2-5）。

最も我々を驚かせるのは、次のような実験結果だろう。先ほど**【チンパンジーの能力4】**として、例えば、第1章1（1）では、五本の赤い鉛筆を見せられて、数字の「5」、色の図形文字の「赤」、そして物を表す図形文字の「鉛筆」を示す記号を選ぶことができるという、事象を記述する「言語的な行動」をすることができることを紹介した。しかし、色を見て図形文字を選ぶということを訓練し、それができるようになったチンパンジーでも、出された図形文字から色を選ぶことはできないとされる（松沢　二〇一一、一六四以下：今井・野島　二〇〇三、六七以下）。これは大いに驚くべきことであるだろう。というのは、人間であれば、赤い色のカードと「赤」という文字の関係を理解した場合、反対に、「赤」という文字を見て、赤色のカードを選ぶことができるように思われるためである。しかし、チンパンジーの場合、赤い色のカードを見て「赤」を表す図形文字を選ぶことができるようになったとしても、「赤」を表す図形文字を見て赤い色のカードを選ぶことはできない［チンパンジーの非能力6］。このことは、チンパンジーの理解している言語・意味と、我々人間が理解しているそれとが異なることを示唆しているだろう（問い①-2-6＝問い④-1[10][11]）。

松沢がヒトとチンパンジーの違いとして最終的に提示するのは、「想像する」能力の有無である（松沢 二〇一一、一八一以下：松沢 二〇一八、一六四、一七二）。つまり、松沢は、本書の問いである「ヒト－チンパンジー＝？」の「？」に入るものとして「想像する」能力を挙げていることになる（応答①-1-2）。松沢は、チンパンジーは報酬がなくても絵を描くが、具象物を描かず、チンパンジーの似顔絵（輪郭だけで目や口がないもの）を与えてみると、顔の輪郭をなぞるだけであるという。それに対して、人間の場合、二歳まではチンパンジーと大差はないが、三歳二か月の人間の子どもはそこにないもの（目や鼻、口）を描き込むという。これらのことから、松沢はチンパンジーはそこにあるものだけを見ているが、人間はそこにないものを考える能力を有すると考える。チンパンジーは「今、ここの世界」に生きており、瞬間に呈示された目の前の数字を記憶することが上手くても、人間のように、百年先や百年昔のこと、地球の裏側に住んでいる人を考えることはないのである［チンパンジーの非能力7］。

（3）ヒト－チンパンジー＝想像力？

ここまでで、松沢のチンパンジーについての研究を紹介し、ヒトとの違いが「想像力」の有無にあるという松沢の結論を確認した。この「想像する」能力という松沢の応答（応答①-1-2）は、一考に値する指摘であるだろう。というのは、積み木の二次元の模倣ができないという［チンパンジーの非能力5］も、そのような形を想像できないことによる、と説明できそうに思われるためである。また、松沢が詳論しているわけではないが、教えることをしないという［チンパンジーの非能力2］や「誤信念課題」に正答することができないという［チンパンジーの非能力4］は、他者の心を想像することができないことによるといえそうなためである。

しかしながら、松沢のこの「想像する」能力（「想像力」）の欠如という結論は、ヒトとチンパンジーの相違についての決定的な解答とはなりえていないといわざるをえない。というのは、第一に、松沢自身が、道具を用意してからシロアリ釣りに向かうとか、種割りする前に台石の向きを調整して水平になるようにするなど、時間・空間的に近い範囲でなら、チンパンジーにも想像力を認めることができると留保をつけているためである。第二に、この想像力の欠如から、他の非能力、例えば、「役割」を理解し交代しないという［チンパンジーの非能力1］や道具の高次の使用ができないという［チンパンジーの非能力3］、さらに人間のように意味を理解することができないという［チンパンジーの非能力6］を説明することがなされていないためである。

筆者の立場から、以上の不十分性を考えるのならば、その理由の一つは、そこで用いられている語や概念、例えば「言葉の意味」「想像力」「役割」「道具」などについて、厳密な理解がなされていないことにあると思われる。確かに我々は、日常的にそれらの語・概念を用いているし、理解していると考えている。しかし、それは本当であるだろうか。確かにそれらの語・概念を用いることができているということは、それらを理解しているからであるとも思える。しかし、［チンパンジーの非能力6］として示唆されているのは、「リンゴ」という語を理解することとは、「リンゴ」と書かれたカードを見てリンゴを選ぶことではない、ということであろう。それでは、語とその意味とはどのような関係にあるのだろうか。このことを明らかにするためには、我々が通常理解していると考え使用している様々な語・概念のあり方を再考し、その構造や理解のあり方を捉え直さなければならないだろう。そして、それが本書の第2章以降で行うことであり、「ヒト－チンパンジー＝？」という問いに対して、哲学という学問がなしうる貢献であると思われる。

2　トマセロの仮説と他者の意図

前節では、松沢の研究を参照しつつ、**［チンパンジーの能力1〜4］**と、チンパンジーにはできないが、ヒトには可能である**［チンパンジーの非能力1〜7］**を確認した。ヒトにはこのようなチンパンジーには不可能な様々なことができるが、それではこれらの能力は、それぞれ別の複数の機構によって可能になっているのだろうか。

本節では、認知言語学者であるマイケル・トマセロの、ヒトに可能であることは複数の機構によってではなく「一つだけ」の機構によって可能になったはずである、という仮説を紹介する（第1章2（1））。その後、トマセロ自身がヒトに特有の能力として提示する「共同注意」について確認する（第1章2（2））。しかし、筆者の立場からは、トマセロの応答は「ヒト－チンパンジー＝？」という問いへの応答としては不十分に留まるため、本節の最後に、そのことを指摘する（第1章2（3））。

（1）　トマセロの仮説

認知心理学者であるマイケル・トマセロは『心とことばの起源を探る——文化と認知』（一九九九年）の中で、自然選択という生物学的進化プロセスによって、ヒトのもつ様々な認知スキルが一つ一つ生み出されてきたと考えるには時間不足であるため、「これほど短期間に行動と認知におけるこのような種類の変化をもたらし得たのは、ただ一つの既知の生物学的なメカニズムである」（Tomasello 1999, 4: 四）と述べる。このトマセロの仮説によれば、チンパンジーの非能力を克服するために、先述したような仕方で様々な機構を想定することはできないのであり、いわば「チンパンジー＋？＝ヒト」の「？」に入る機構は「一つだけ」なのである。以下本書では、このトマセロの「ヒトとチンパンジーを分かつ機構は一つだけである」というテーゼを基に、議論を進めていく。

それでは、この「一つだけ」の機構とはどのようなメカニズムであるのだろうか。トマセロは、「この生物学的メカニズムとは社会的あるいは文化的な伝達能力（transmission）であり、それは生命体の進化とくらべて桁違いに速いスピードで多彩な秩序をもたらす」（Tomasello 1999, 4: 四）と述べる。すなわち、ほとんどの霊長類は、空間、物体、道具、量、カテゴリー、社会関係、伝達、社会学習と関わるような認知スキルを持っているのだが、そこにさらに、ヒトのみが新しい一つの認知スキルを獲得したことで、「累進的な文化進化（cumulative cultural evolution）」が可能となったという仮説を提示する（Tomasello 1999, 5: 五）。

基本的に、ヒトの人工物や社会的実践の中で最も複雑なもの――道具を使った産業、記号による伝達、社会制度など――の中で、単独の個人や集団によってある一時期に一度発明され、ずっとそのままであるというものは何もない。そうではなく、起こったのは、ある個人や集団が最初に原始的な段階の人工物や実践を発明すると、その後のある利用者あるいは利用者たちがそこに変更、すなわち「改良」を加え、それをまた他の者が多くの世代にわたっておそらく変更もなく採用し、ある時点でまた別の個人や集団が別の改変を行い、それがまた他の者によって学習され利用されることなどなどが、すなわち以前に「漸進進化（the ratchet effect）」と呼んだものが、歴史的な時間の中で一貫して起こってきたのである（Tomasello 1999, 5: 五―六）。

すなわち、トマセロによれば、以上のような一度創造されたものを継承し、それを改良する能力こそが、ヒトと他の動物とを分ける分水嶺であることになる。これを本書の根本の問いである「ヒト－チンパンジー＝？」に対するひとつの応答（**応答①－1－3**）とすることができるだろう。ヒト以外の動物でも新たな物や方法を発明することはままあるが、それらの動物にとっては新たな発明を他の個体が引き継ぐことや、それをさらに修正・改良していくことが困難なのである。

ヒトだけが工夫・創造されたものを継承することができるという、トマセロの指摘は、一考に値するだろう。しかしながら、ここで議論が終わってしまうのであれば、画竜点睛を欠くといわざるをえないように思われる。というのは、それでは他者の発明を継承し発展させる能力とは何であるのかという問いが残るためである。無論、トマセロもここで議論を終わらせはしない。引き続き彼の考察を追跡しよう。

（2）意図と共同注意

トマセロは「道具や記号の慣習的な用法を社会的に学習するには、子どもは、外部のどのような目標に向けて、他者がなぜ道具や記号を使っているかを理解できるようにならねばならない」（Tomasello 1999, 6: 七）と指摘する。言いかえれば、子どもが道具や言語の意味を理解するためには、それは「何のために」作られ、用いられているのかという、制作者や使用者の「意図」を理解する必要がある。すなわち、ヒトのみに「累進的な文化進化」が可能であったのは、他者の「意図」を理解する能力を持っていたためであるというのが、トマセロの見解である（応答①-1-4）。他者の「意図」を理解することによって、時間的・空間的に離れていたとしても、発明されたものを継承し、さらに改善するという「共同作業」が可能となるのであり、それによって「累進的な文化進化」が可能となったのである。

しかし、他者の「意図」とはどのような構造をしており、それを理解するとはどのようなことであろうか。例えば、道路の脇でタクシーに向かって手を挙げている人を見て、我々はその動作を「挨拶するために」ではなく、「タクシーを止めるために」手を挙げているのだと理解するという状況では、その者の内に「タクシーを止めよう」という意図を見いだすことができているといえるが、なぜ我々ヒトにのみそれが可能であるのかは自明ではない。あるいは、前節で確認した松沢の研究によれば、チンパンジーの親もまた、子どもが枝と枝との間が離れていて渡れなくて泣いているときに振り向いて、手を差し出して引っ張り上げるという行動をとることがあるのであった。この場合、親は子どもの「枝を渡りたい」という意図を見いだしていると記述することができそうに思われる。しかし、トマセロによれば、チンパンジーはヒトのようには意図を見いだすことができないことになる。

それでは、ヒトはいつから他者の意図を読み取ることができるのだろうか。トマセロは、ヒトの赤子は生後九か月頃から、結果を求めるのではなく、「注意を共有するというただそれだけの目的のために誰か他者に対して物体を指さして示すという単純な行為」(Tomasello 1999, 63: 八一) としての「指さし」による「共同注意 (joint attention)」が出現することに着目する (cf. Tomasello 2008, 141, 154: 一二九、一四二)。この「共同注意」とは、例えば、子どもと散歩中の親が目の前の花を指差し「花だよ」と言い、子どもの関心をその花へと向けることである。このような「共同注意」ができることは我々にとっては当たり前であるために、その重要性を見落としがちであるが、実はヒト以外の動物、最近類であるチンパンジーであっても困難であるとされる。というのは、「共同注意」が可能であるためには、あるものが「何のために」「何に」注意を向けているのか、つまりそのものの「意図」を理解することができることが必要であるためである。散歩中の「花」の例での「花だよ」という発話は、子どもがその花に注意を向けていないことを親が知っており、その注意を向けるためになされたのであり、また子どもの側でも、その「花だよ」という発言がただの音ではなく、自分の注意を向けるために自分に向けて発せられたことがわかるからこそ、その花へと注意を向けた後で、「きれい」などと応答することができる。そして、同じものへの「共同注意」が成立した後では、さらに「なんて名前なの?」という知らない名前を知るための問いかけや、それへの応答としての「銀木犀だよ」などが展開可能なのである。

このように「共同注意」が可能となるためには、何に関心を向けているのかという他者の「意図」を見て取ることができなければならないとトマセロは考え、そのうえで生後二、三か月からヒトの乳幼児には指さしをするための必要な身体的な条件が準備されており、また生後六か月ごろには音声と経験を結びつけることができるにもかかわらず、九か月頃までは共同注意のための指さしをすることがないことに着目する。トマセロは「共同注意」としての指さしとは「外界の事物と関係し、それに同調したり、方向づけたり、共有したりするだろう自己と同じように意図をもつ主体として他者を理解し始めていることを示している」(Tomasello 1999, 61: 七九—八〇) と考えるために、「共同注意」

としての指差しが発現しない、生後九か月までのヒトの子どもは他者が意図・目的を持つことを理解することができないとする。

以上の九か月のヒトの赤子に起きる変化を、トマセロは、当人の関係する項目の増加としても整理している。生後六か月頃の赤子は物体を操作することはできるものの、その際に近くに人がいても無視し、同様に、親と関わっている際には、近くに物体があっても無視するという、「自分」と「大人」、「自分」と「もの」という「二項的」な関わり方しかできない（Tomasello 1999, 87: 一一八—九）。それに対して、生後九か月頃から赤子に「共同注意」が発生するということは、「自分」と「大人」がそれへと注意を向けている「もの」とからなる「三項的」な関わりが可能となるということである。

このような他者を「意図」をもつ主体であると理解できることとそれによる三項関係の成立が、言語の習得と関係しているとトマセロは考える。先述した二項関係では、「自分」と「もの」との関係と、「自分」と「大人」との関係が別々であり、子どもがその物に注意を向けているときに「大人」がその物体の名前を発したとしても、「自分」が注意を向けている「もの」について「大人」も注意を向けており、その「もの」について発話されたと理解することができないために、その発音（名前）とその物とを結びつけることはできない。つまり、子どもが「大人」の発音をその「もの」の名前であると学習することができるためには、「自分」「大人」「もの」からなる三項関係が成立し、自分が注意しているものに大人もまた注意していると理解できること、つまり「共同注意」が成立している必要があるのである(12)。

以上の「共同注意」の構造を用いて、散歩中に花の名前を教えるという場面で、親と子どもの注意がどのように向いているかを次頁のように図示してみよう（図1-1）。子どもはただ「親」と「花」という二者へ関わっている（①-1、①-2の矢印）だけではなく、「親」もまた「自分（子ども）」と「花」に注意を向けていること（②-1、②-2の矢印）を理解していることによって、「親」の発話が、「自分（子ども）」と「親」がともに注意を向けている「花」について

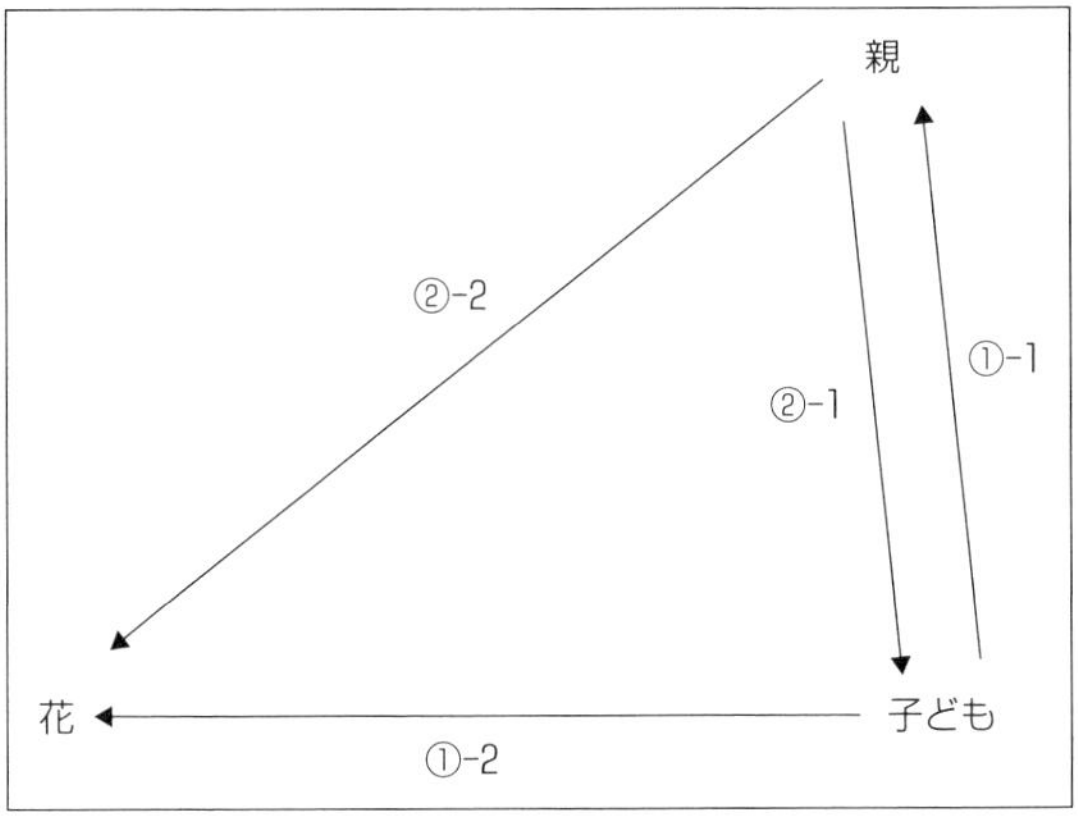

図 1-1　花についての共同注意

の発話であることを理解できるがゆえに、「自分（子ども）」の「何て名前なの？」という発話に対する「親」の「銀木犀だよ」という発話を、その「花」と結びつけることができるのである。

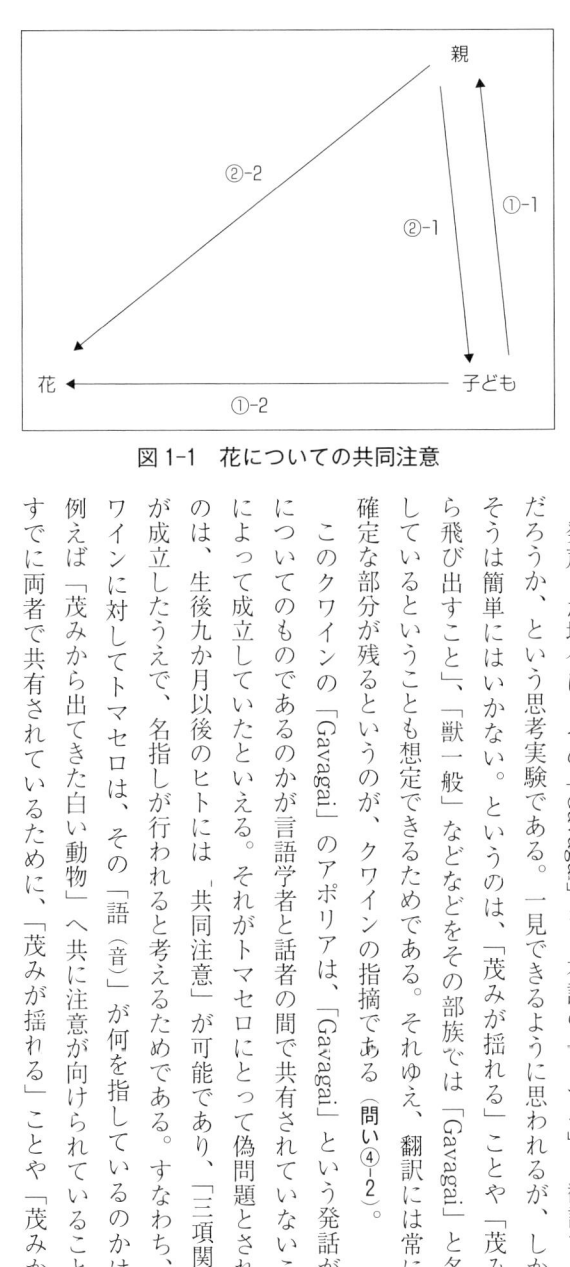

　このような「共同注意」がなされた上で名指しが行われることを指摘することによって、トマセロは哲学者のクワインが提唱した有名な「Gavagai」のアポリアを偽問題であるとする（トマセロ 二〇〇八、九〇以下）。この思考実験では、言語学者がまだその言語の実態がわからない未開の部族を訪れ、その部族の言語を解析するという状況が想定される。その言語学者が部族の者と行動を共にし、茂みからウサギが飛び出してきたときに、部族の者が「Gavagai」と発声した場合に、その「Gavagai」を日本語の「ウサギ」と翻訳できるだろうか、という思考実験である。一見できるように思われるが、しかしそうは簡単にはいかない。というのは、「茂みが揺れる」ことや「茂みから飛び出すこと」、「獣一般」などなどをその部族では「Gavagai」と名指しているということも想定できるためである。それゆえ、翻訳には常に不確定な部分が残るというのが、クワインの指摘である（問い④-2）。

　このクワインの「Gavagai」のアポリアは、「Gavagai」という発話が何についてのものであるのかが言語学者と話者の間で共有されていないことによって成立していたといえる。それがトマセロにとって偽問題とされるのは、生後九か月以後のヒトには「共同注意」が可能であり、「三項関係」が成立したうえで、名指しが行われると考えるためである。すなわち、クワインに対してトマセロは、その「語（音）」が何を指しているのかは、例えば「茂みから出てきた白い動物」へ共に注意が向けられていることが、すでに両者で共有されているために、「茂みが揺れる」ことや「茂みから飛び出すこと」、「獣一般」についての「語（音）」であると誤解されることがないと反論したといえる（応答④-2）。

（3）トマセロへの問い

（2）では、ヒトの赤子には九か月頃に他者の「意図」を理解する能力が発現し、それによって「共同注意」が可能となるような「三項関係」が成立することによって、ある「もの」への名指しが機能するというトマセロの議論を確認した。ここでは、より問題を明確化するために、あえてトマセロに批判的な立場を取り、問いを挙げておきたい。

まず、そもそも「意図」とは何であり、他者の「意図」を理解する能力とは何であるのかということは、トマセロの議論では明らかではない。本節ではここまで、「意図」をある「もの」へと注意を向けていること、他者の「意図」を理解することとはその他者が「何・誰」について注意を向けているのかを理解することである、という程度のざっくりした理解で議論を進めてきたが、哲学的に彫琢する必要があるだろう。というのは、実際に道具を使用している者を見て、何をしようとしているかを理解できるだけでなく、開発者や使用者がいなくなった道具であったとしても、その道具を制作・使用していた者の「意図」を推定することができ、そうした能力を持っていることによって、「累進的な進化」が可能となったとトマセロは述べていたが、この場合の「意図」が、散歩中の花の例における、目の前の「花」について注意を向けていることとは直ちに同じであるとはいえない、と考えられるためである。また、あるものが次にどのような動きをするのかを予想することは、必ずしもそこに「意図」を読み取ることとは異なるだろう。例えば、桜の花びらが風に舞うのを見て、それがどこに飛んでいくのかを予想することは、出勤中のサラリーマンを見て、この後会社に行くのだろうと予想することとは異なるだろう。つまり、「意図」とはどのような構造を有し、他者・道具の「意図」を見て取ることはどのようにして可能となっているのか、という問い（問い②-1）が究明されなければならない。第2章以下では、哲学的な議論を援用することで、「意図」とは何か、そしてある者を意図を有する者であるとみなすこと、あるいはある行為を意図的な行為とみなすこととはどのようなことであるのかを解明していく。

さらには、トマセロの考察には、次の点において不明瞭なところも存する。トマセロは自身が「意図を有する主体」であるという認識からアナロジーによって、他者もまた「意図を有する主体」であると推定するというシミュレーション説を提唱している（Tomasello 1999, 70ff.: 九二以下）。つまりヒトの子どもは、自分が様々な意図を持ち行動していることをまず理解し、それを他者へと転用することによって、他者の意図もまた推定できるとする。この指摘は、二通りに解釈可能であるだろう。第一に、そもそも他者をただの物（「意図を有さない主体」）としてではなく「意図を有する主体」として理解できることは、自身を「意図を有する主体」であることを前提としている、という理解である。第二に、個別的な状況での他者の「意図」は、同じような状況で同じような行動をとった際の自身の「意図」を転用することで、理解可能となるという解釈である。例えば、道路でタクシーに向かって手をあげている者を見て、「タクシーを止めるために」という「意図・目的」を見て取ることができるのは、同じような状況で同じような行動を自分がとるのは「タクシーを止めるため」であるので、そのような自分の「意図」を他者へも転用しているという解釈である。

筆者は、第一の解釈であっても第二の解釈であっても、我々が有し見て取っている「意図」を捉えそこなっているという点で問題があると考えている。もう少し解像度を高くしておこう。第一の解釈も第二の解釈も、自身の意図は直接把握できるが、他者の意図は直接把握できず、自身の意図からの類推によってしか捉えられないということを前提しているように思われる。しかしそれは本当だろうか。「意図」については、第2章においてアンスコムの『インテンション』を参照しつつ、考えてみたい。

さらには、松沢も指摘していたように（第1章1）、チンパンジーにはヒトの子どものようにはお互いの「役割」を交換したり、ごっこ遊びをすることができない。トマセロは、ヒトの子どもにそうしたことが可能であるのは、共同の目標とお互いの役割を鳥瞰的に眺める視点を有しているためであるとする（Tomasello 2010, 178f.; Tomasello 1999, 99f.:

一三二以下）。ヒトのみが互いの「役割」を理解したり、それを交換することができるというのは重要な指摘であるが、それが鳥瞰的に眺める視点を有しているからかどうかは、慎重に検討する必要があるだろう。というのは、第一に「鳥瞰的」ということがどのようなことでありどのようにして可能となるのかについてトマセロの議論が十分とはいえないためである。第二に、我々は自分のなしたことを客観的に捉えようとした際などに、自他を「鳥瞰的」に眺めることもあるだろうが、日常的に自他の「役割」を理解する際に、そうしているかといえばそうではないように思われるためである。例えば「鬼ごっこ」に興じている子どもが「鬼」に触られて「鬼」という役割を交換するとき、自他を「鳥瞰的に」眺めることによって、それをなしているとはいえないように思われる。この問題については、第2章においてマッキンタイアやハイデガー、ダントの「誰」や「物語」についての議論を参照しつつ、「役割」の構造を詳らかにした後で、応答することにしたい。

また、第1章2（2）ではクワインの「Gavagai」の思考実験について、ヒト同士の言語習得は「共同注意」が成立しているために何についての誤認は起こらないというトマセロからの応答を紹介したが、トマセロ自身が、自分の子どももまた言語習得の過程で意味の誤解をしていたと報告しているように（トマセロ 二〇〇八、四〇）、「共同注意」が成立したうえで名指しがなされたとしても、しばしば子どもはその意味を誤解することがある（今井 二〇一三、四九以下）。つまり、親が子どもに新しい名前を教えるとき、「共同注意」がなされることによって、その対象はある程度は共有されるものの、それでも完全に一致しているわけではないのである。そのような誤解された意味の理解が、その共同体において規範的な意味へといかにして修正されていくのかが明らかにされなければならない（問い④-3）。この問題については、第3章において認知言語学の知見を参照しつつ、論じることにしたい。

最後に、トマセロの研究の最大の難点を指摘しておきたい。トマセロの研究は「共同注意」と「三項関係」、「意図」の読み取り、「役割」の理解、「意図を有する者」としての自己の把握という、ヒトの乳児においてのみ発現する、大変興味深い現象・能力を指摘するものであるが、それらの現象・能力相互の関係を一元的に説明できていないために、彼自身の「生物学的なメカニズムは、ただ一つに収束する」という仮説における「一つだけ」の機構を示せていない。この点については、次の第1章3において、本書の結論を暫定的に示したい。

3　ヒトに固有な能力としての「距離を空ける」こと

前節の最後に指摘したように、トマセロの研究は、ヒトの乳児においてのみ発現する、大変興味深い現象・能力を指摘するものであるが、それらの現象・能力相互の関係を一元的に可能にするような「ただ一つ」のメカニズムを示せていない、という点で問題があった。そこで本節では、いかなる能力が「三項関係」を可能にするのかという問いに応答するために、ハンス・ヨナスの『生命という原理』（一九七七年）の考察を手がかりに、ヒトに特有の能力について考察したい[13]。

（1）「ヒトとは何か」へのヨナスの応答

ヨナスは、はじめての惑星に降り立った宇宙飛行士が、ある生物を見て、人間と同様の知性をもっているか否かを確認するためには、何を確認すればよいのかという思考実験を提案する（Jonas 1977, 267：二八五）。この問いに対するヨナスの回答は、「動物がもつ世界との関係と、もっとも素朴な描出の試みの間の裂け目（Kluft）は、素朴な表現とあらゆる幾何学的な作図の間の裂け目よりも、無限に広い。前者は形而上学的な裂け目だが、それと比べると後者は、程度の違いである」（Jonas 1977, 291：三一五）というものである。すなわち、ヨナスは、その生物が絵を描けるかどうかが、両者の裂け目となっていると考えるのである。この絵を描くことができるという応答は、本書の根本の問いである「ヒトとは何か」（問い①）に対するアリストテレスの「ロゴスを持つ動物」という応答（応答①-1-1）、松沢の想像力があるという応答（応答①-1-2）、トマセロの一度創造されたものを継承し、それを改良する能力（応答①-1-

3）、他者・道具の意図を理解できる（共同注意ができる）能力（応答①-1-4）に続く、応答（応答①-1-5）となる。

しかしなぜヨナスは像を描くことができることをそれほどに重視するのだろうか。ヨナスが指摘する、像の特徴を確認してみよう。像が「xについての像」であるためには、その類似性には意図的に作り出されたということが識別可能な仕方でなければならない（Jonas 1977, 269f.：二八八）【像の特徴①】。例えば、一卵性双生児は互いに似ているだろうが、互いが互いの像であるとはいえないし、また二本の木の形が似ていたとしても、普通は互いが互いの像であると考えられない。それは、それらの類似性が意図的に作られたとは認識されないためであるといえる。

像の第二の特徴は、全く同一であれば「xについての像」ではなく、そのものとなってしまうために、「代表的で」「重要な」特徴を選び出しながらそれ以外の細部を省略することによって、類似が不完全でなければならないということである【像の特徴②】。つまり、「xについての像」とは、「x」と似ていなければならないが、完全に同じであってもならないのである。例えば、路上の似顔絵書きが描く似顔絵は、忠実な写実というよりも、モデルの特徴を抽出し強調したものである。

さらに、像を像として作り理解するためには、「基体（紙やインク、木などの素材）」、「像そのもの」、「像が表している対象」という三層の区別が理解できなければならない、とヨナスは述べる【像の特徴③】。例えば、岩壁に描かれたある図像を「シカの像」として理解することは、岩壁（基体）に顔料（基体）を使って描かれた、本物のシカ（像が表している対象）についての「像」であると理解することである。もしその像と本物のシカとの区別がつかないのだとすれば、その岩壁に向かって槍を投げることになるだろう。

動物は持たず人間のみが有する像を描くことを可能にする能力を、ヨナスは、「構想力（Einbildungskraft）」ないしは「想像力（Imagination）」と名指す。つまり、先に確認した「ヒトとは何か」という問いに対するヨナスの「絵を描くことができる」という応答（応答①-1-5）は、「構想力・想像力」へとより詳細化されたといえる（応答①-1-6）。この「構想力・想像力」という結論は、一見したところ、松沢の「ヒトには想像力がある（チンパンジーには想像力がない)」という応答（応答①-1-2）と類似しており、ヒトの特徴として、それほど独創的な応答とはいえないかもしれない。しかしながら、筆者はヨナスが「構想力・想像力」について説明している以下の箇所は特筆に値すると思われる。

像は対象から切り離されて（losgelösen）いる、すなわち、形相の現前が事物の現前から独立させられている。視覚はすでに、周囲世界からの圧迫から身を退けることを含み、距離を空けて見渡す（distanzierten Überblick）という自由を手にしている。さらなる段階の引きこもりは、現象が現象として捉えられ、すなわち、現象が現実から区別され、その現前を自由に扱えるものとして、自己と意のままにできないものである現実の間に挿入されるときに起こる（Jonas 1977, 284: 三〇六）。

すなわち、人間は想像力を有している点で他の動物と異なるのであり、その想像力の特徴とは、対象から切り離されたものとして像を理解し、それを作成できる点にある。さらに像を描くこととは、描かれる物事について像を描くことなのであり、そのためには視覚よりも一段階うえの、その物事から身を退けること、その物事から距離を空けることができなければならない。例えば、風景にうっとりと見入っているとき、いわばその風景に没入しているときには、その風景を描くことができないだろう。その風景「から」距離を空けることによって、その風景「について」描くことが可能となるのである。

筆者は、以上のヨナスが提起する構想力・想像力において、最も重要な特徴を、「像」を「対象」から切り離す（loslösen）という点に認めたい。すなわち、「視覚はすでに、周囲世界からの圧迫から身を退けることを含み、距離を空けて見渡す（distanzierten Überblick）という自由を手にしている」が、さらにヒトのみが想像力を有していることでさらに引きこもることができ、「現象が現象として捉えられ、すなわち、現象が現実から区別される」（Jonas 1977, 284: 三〇六）のである。

このようなヒトに固有の能力を、ヨナスの表現を生かしながら、「距離を空ける」と名付けよう（**応答①-1-7**）。つまり、「ヒトとは何か」という問いへのヨナスの応答は、「絵を描くことができる」（**応答①-1-5**）、「構想力・想像力」（**応答①-1-6**）へと分析された結果、その根底的な働きとして「距離を空ける」という働きが見いだされたことになる（**応答①-1-7**）。注意したいのは、この「距離を空ける」という働きにおいては、距離を空けられたものは「それについて（Woüber）」として保持されていることである。例えば、絵描きが目の前にいる「モデル」を描く際には、絵描きは手元の「キャンバス」に注意を向けつつ、「キャンバス」に没頭するのではなく、「キャンバス」から距離を空けることによって、また目の前の「モデル」に注意を向けながら、その「モデル」に見惚れるのではなく、その「モデル」からも距離を空けることで、「キャンバス」にその「モデル」「について」の絵を描くことができるのである。つまり、「距離を空ける」こととは、たんにあるものを切り離すこと（否定すること）ではなく、それについて関わりつつその関わりを一部解除し、それから「距離を空け」た視点に立つことである。このことによって、それではないもの（例えば、「本物のシカ」）との対比において、そのもの（例えば、「壁に描かれたシカ」）を「それ（について）のそれ」として理解することが可能となる。[14][15]

このように「距離を空ける」ことによって、その像を意図的に作ること、そしてそのことを理解すること**［像の特徴①］**、あるものを別のあるものと比較し、ある特徴を強調しデフォルメすることやそのデフォルメを理解すること**［像の特徴②］**、つまり「花（について）の絵」を描くことや、さらには、ある絵が「花（について）の絵」であることを理解することが可能となるといえるだろう。

（2）「距離を空ける」ことによって可能となること

この「距離を空ける」という働きから、松沢の指摘していた、ヒトの三歳児には可能であるが、チンパンジーには不可能であるとされた、**［チンパンジーの非能力5］**についての問い（**問い①-2-5**）に応答してみよう。**［チンパン**

ジーの非能力5］とは、チンパンジーは、三個の積み木を直列に積み上げることはできるのに対して、門の形になるように積むことはできないことであった。松沢はこのことから、チンパンジーは一次元の模倣はできるが、二次元の模倣はできないと結論付けていたが、この説明はチンパンジーができることとできないことの記述でしかなく、それを可能にする能力を指摘することができていなかったといえる。それに対して、本書の立場からは、チンパンジーが一次元の模倣はできるが、二次元の模倣はできないことは、チンパンジーが「距離を空ける」という能力を持っていないからと説明できるだろう。

門の形になるように積み木を積むという作業を具体的に考えてみよう。我々にとっては容易であるがゆえに見落とされがちであることは、最初に置いた二つの積み木のうえにさらに積み木を置くためには、最初に置いた積み木「について」考えることができなければならないことである。「距離を空ける」とは、そうした「～について」考えることを可能にする働きであった。本書の立場から、チンパンジーは積み木を門の形に積み上げることができない理由に応答するならば、それは「距離を空ける」という働きが不在であるためであると答えることができる（**応答①-2-5**）。

また、同様に、目や鼻、口などがない顔の輪郭だけの絵に対して、ヒトの子どもはその空白に目や鼻、口などを書き入れようとするのに対して、チンパンジーは輪郭をなぞるだけであるという事象についても、同様の理由からであると説明できる。つまり、空白の空間に目や鼻、口を書き入れることができるのは、顔の輪郭にまず注意を向けた後で、それ「について」距離を空けて、それとの関係で空白を見ているためであるといえる。

このような「距離を空ける」という働きは、トマセロの「三項関係」や「共同注意」を成立させる要の働きであるといえる。「三項関係」や「共同注意」が成立するためには、二つのもの（者）に同時に注意を向けることができなければならないが、そのためには、あるもの（者）「について」注意を向けながらそれを一部解除し「距離を空け」、別のもの（者）へも注意を向けることができなければならない。しかし、この「距離を空ける」という働きだけでは、まだ「共同注意」は成立しないだろう。というのは、ここで明らかにされた「距離を空ける」という働きは、二つの

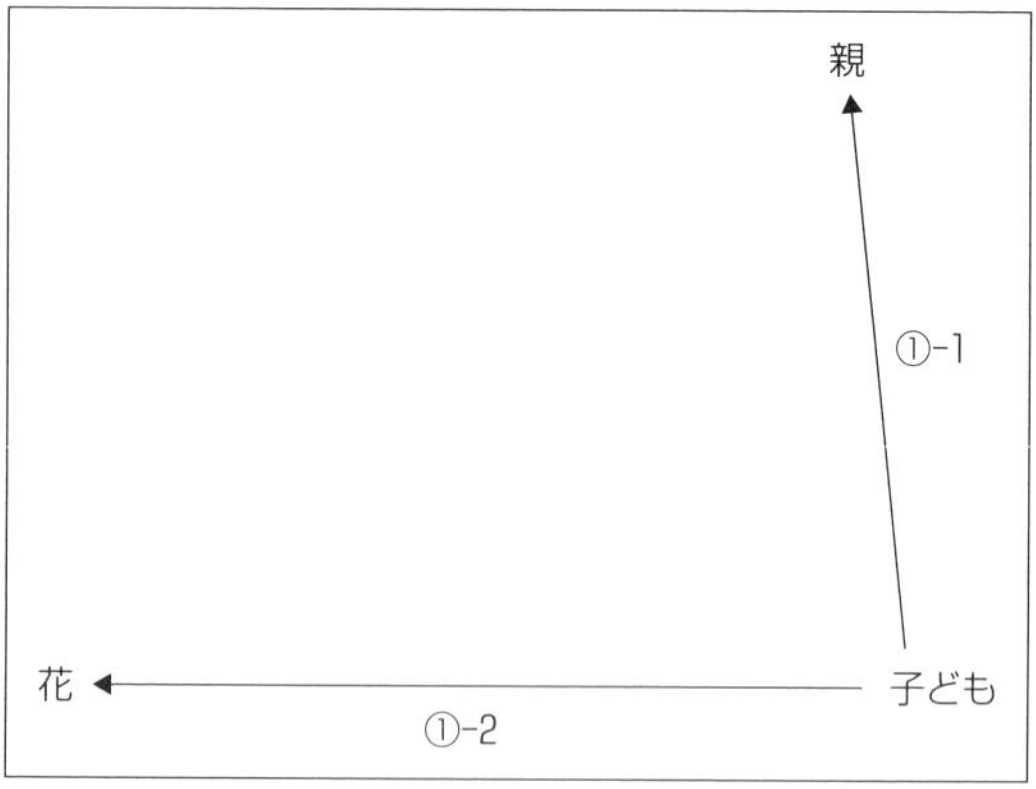

図 1-2　「距離を空ける」という働きによる二つのものへの注意

ものについて関わりつつ関わっていないということを可能にする働きでしかないため、先ほどの**図1-1**のすべての矢印を成立させないためである。つまり、現段階では**図1-2**の矢印①-1と矢印①-2を可能にする働きであるとはいえるものの、まだ「三項関係」・「共同注意」を成立させるまではいえないためである。

子どもから見た場合、欠けているのは、「親」が「花」と「子ども」に注意を向けていること（図1-1における②-1、②-2の矢印）を理解する能力である。あるいは、親の視点では、「子ども」が「親（自分）」や「花」へ注意を向けていないことが分かった場合、「銀木犀だよ」というその花の名前についての発話は行われず、例えばもう一度「きれいだね」などの発話がなされることになるため、子どもが自分と花に注意を向けていることがわかっていなければならない。つまり、我々は日常的に――誤ることはままあるとしても――他者の「意図」を読み取ることができており、それによって「共同注意」は成立している。そのため、**問い②**として提起された、他者の意図はいかに理解されているのかということが、さらに解明されなければならないだろう。

ヨナスは、絵を描くことが、ヒトとそれ以外の生物の分水嶺（形而上学的な裂け目）であると述べていたわけである。確かに、絵を描くことは、ヒトにしかできないように思われるし、他の動物で絵を描くことができる生物が発見されたならば、大発見と言えるだろう。しかしながら、ヨナスは絵を描く能力を持つことによって、ヒトだけが言語を用いたコミュニケーションができるのかや、文化を継承することができるのか、などについては論じていない。「絵を描くことができる（という能力を持つ）ことによって、ヒトは意味を解し、言語を有するようになった」と主張するならば、「絵を描くことができる（という能力を持つ）こと」と「意味を解し、言語を有する」こととの懸隔を埋める説明が必要となるだろう。

そのため、この第1章で提示した「距離を空ける」という働きは、以後の本書の考察の導きの糸となるし、「ヒト－チンパンジー＝？」という本書の根本的な問いに対する最終的な応答となると筆者は考えているが、現時点では暫定的なものでしかないことになる。というのは、「距離を空ける」ことから「共同注意」がいかに可能となるのかも十分に示されてはいないし、さらには、ヒトのみが持つと思われる、言語や意味を理解し使用する能力、想像力、役割を理解する能力、道具を使用するだけでなく開発し継承する能力、さらにはチンパンジーにはできない誤信念課題の解決などについても、この「距離を空ける」ことによって可能となることが示されねば、最終的な応答であると言うことはできないと考えられるためである。

注

（1）ニホンザルと同じマカク属のサルであるアカゲザルの全ゲノム解析は二〇〇七年に終わっており、ヒトとの違いは約六・五パーセントであったという（松沢 二〇一一、一二）。

（2）松沢によれば、人間とサルの間にゲノムの違いは約六・五パーセントあるのに対して、人間とチンパンジーの間では、約一・二パーセントであり、チンパンジーとサルよりも、人間とチンパンジーのほうが似ているといえる。また、現在の考古学の知見によれば、三〇〇〇万年前ごろに共通する祖先からサルとチンパンジー／人間に分岐し、さらに、五〇〇万年前に、人間とチンパンジーとが分岐したとされる。また、人間の脳は一二〇〇ミリリットル程度、チンパンジーの脳は四〇〇ミリリットル程度と、三倍の違いがあるものの、人間では赤ちゃんから大人になるまでに三・二六倍、チンパンジーでは三・二〇倍になるという点で類似しているとされる（松沢 二〇一一、一二）。

（3）このような瞬間的な記憶力において一見チンパンジーには人間よりも優れた記憶力を有してていると思われるが、チンパンジーのこのような記憶力は一年以上かけて毎日訓練して習得されたものであり、人間も訓練すれば同様の結果を出した実験があることが報告されている（今井 二〇一六、一四）。

（4）しばしばワシやカラスが卵を岩や地面のうえに落として割るというシーンを見ることがあるが、松沢によれば、これは地面といった「基層」を用いた道具使用であり、「レベル1に満たない道具使用」といわれる。

（5）ただし松沢は、楔石として認識しているかどうかは微妙であるとして、「レベル3道具」については確証が取れていないとしている（松沢 二〇一一、九四）。

（6）このような差があることからは、次のような二つの仮説を立てることができるだろう。第一の仮説は、ヒトとチンパンジーとが同種の能力を持っているが、ヒトのほうがより高度であるとするという説である。第二の仮説は、チンパンジーにはない能力をヒトが持っていることによって、ヒトだけが道具を自在に使用することができると解するという説である。本章の結論を先取り的に提示すれば、筆者は後者の立場である。

（7）「誤信念課題」はその者が「心の理論」を有しているかどうかを確認するために用いられ、様々なバリエーションがある（山本 二〇一九、四以下）。

（8）「自己埋め込み的な構造のレベル」、「再帰的な構造」、「メタを冠するレベルの認識」について考えるために、言語学者のチョムスキーが「離散無限」と名指した性格を手がかりとしたい。彼はインタビューの中で「というのも、言語機能と数機能の両方に同じものが関与していると考えることができるからです。どちらの場合も、再帰的規則を用いて離散無限を扱うような能力が関与しているのです。そのおかげで、一方では数機能が発生し、もう一方では、他の諸原理と相俟って無限の数の言語表現を作り出すことができる能力が生じるわけです」（チョムスキー 二〇一一、七九）と述べている。すなわち、チョムスキーによれば、「再帰的規則を用いて離散無限を扱うような能力」が、人間における数を理解する能力と言語の成立に関与しているとされる。離散した要素というのは、五語や六語の文はあるが、五・五語の文はないという意味であり、「言語は再帰的生成的手続きで、入力を提供する倉庫（これを辞書・語彙と呼ぶ）から語に類似する要素を取り出し、生成手続きを繰り返し用いて、構造的な表現をつくりあげる。その過程に上限はない」（チョムスキー／バーウィック 二〇一七、八八―九）のである。主文と副文の関係を例に考えてみれば、「花が赤い」という命題は「彼は「花が赤い」と言った」、「私は「彼が「花が赤い」と言った」のを聞いた」という仕方で、原理的には無限に副文に入れ込むことができることが、再帰的規則を用いて離散無限を扱うことができる例といえる。

（9）「誤信念課題」に回答できないことについて、松沢は「自己埋め込み的な構造のレベル」、「再帰的な構造」（松沢 二〇一一、一〇三）、「メタを冠するレベルの認識」（松沢 二〇一一、一〇四）が、チンパンジーにないことが理由ではないかと述べている（vgl. 三宮 二〇〇八、四〇；ダンロスキー／メトカルフェ 二〇一〇、二二三以下）。

しかし、非常に興味深いのは、本書で主題的に取り上げた『想像するちから――チンパンジーが教えてくれた人間の心』（二〇一一年）や『分かちあう心の進化』（二〇一八年）よりも過去の著作である『チンパンジーの心』（二〇〇〇年（一九九一年の『チンパンジー・マインド――心と認識の世界』を改題・加筆修正したもの））では、松沢自身は「宝探しゲーム」という実験結果を踏まえて、「認識の階層、特に入れ子の形になった構造が認められる。（（知っているということを）知っているということを）知っている）という入れ子の構造になっている」（松沢 二〇〇〇、八四）と述べていることである。『チンパンジーの心』から『想像するちから』までの間に、チンパンジーが再帰的な理解を持てるかどうかについての松沢の見解は、正反対になったことになる。この理由については定かではないが、本書のテーマの解明にとって、非常に示唆的であると考えられるため、少し詳しく確認しておきたい。

松沢が『チンパンジーの心』で紹介している「宝探しゲーム」とは、テスト室にいる四人のチンパンジーのうちまず一人を放飼場につれていき、バナナがある場所を教えてやった後で、テスト室に戻した後に、一定の時間をおいて、四人一緒に放飼場に出したときに、それぞれがどのような行動を取るのかを観察するという実験である（松沢 一九九一、七四以下）。

一日目から四日目までは、目撃者であるチンパンジーだけがバナナのあるところに走っていき、独り占めをし、他のチンパンジーは「ポカンとしていた」という（目撃者となるチンパンジーは日ごとに変えたという）。しかし、五日目から八日目には目撃者であるチンパンジーの後を走って追いかけるチンパンジーが現れ、五日目にはバナナの皮しかもぎ取ることができなかったが、七日目にはバナナそのものをもぎ取って食べることに成功したという。この「強奪」という戦略について、松沢は以下のように述べている。

自分が知らないということは知っている。だれかが知っている、ということも知っている。そして、知っているやつは抜け駆けをするということも知っている。そこから、抜け駆けをしようと一目散に出ていったやつのあとを追っていって、それをもぎ取るという強奪の戦略が出てきた（松沢 二〇〇〇、八〇）。

最も興味深いのは、九日目の結果である。その日は目撃者であるチンパンジーは、最初から走り出すのではなく、他のチンパンジーを見ながらバナナのあるところまでゆっくり移動し、近づいたところで、脱兎のごとく駆け出し、他のチンパンジーがそのことに気づいたときには食べ終えていたという。そして一〇日目、一一日目には、他のチンパンジーも同様の戦略をとったという。松沢はこれを「あざむき」の戦略と呼び、以下のように説明している。

（1）抜け駆けや強奪の時点でいえば、目撃者は必ず隠し場所へ向かって一目散に走っていたのに、そうしないで、ゆっくりと向かって行くという抑制が認められる。

（2）ひじょうにおもしろいことに、オパール［「あざむき」の戦略を用いた目撃者のチンパンジーの名前］の眼はとても正直だった。ちらちらとほかの三人の様子に気を配りながら、隠し場所と見くらべるように歩いていく。

（3）迂回をする。隠し場所への最短ルートを採らないで、壁沿いにずっと歩いていく。それは、やはり「知らんぷりで」と表現したくなるような行動だった。

すぐには行かない、仲間を気にする、迂回路をとっていく。以上の三つの特徴は、仲間を「あざむいている」としかいいようのない戦略だろう（松沢 二〇〇〇、八三）。

以上の観察結果を踏まえて、松沢はこれらの戦略について、「抜け駆けの場合は、わたしが知っている。強奪の場合は、わたしが知っているということを別の者が知っている。最後のあざむきの戦略の場合には、わたしが知っていることをだれかが知っていることをわたしが知っている」という知の階層構造に基づいており、「認識の階層、特に入れ子の形になった構造が認められる。（（知っているということを）知っているということを）知っている）という入れ子の構造になっている」（松沢 二〇〇〇、八四）と述べている。

しかし、この宝探しゲームにおけるような「あざむく」という行為は、必ずしも相手の立場に立つことができずとも可能であるだろう。というのは、チンパンジーはボタンを押せばエサが出てくるという機械を前にして、ボタンを押すことを覚えることができるが、このことは「エサが出てくる」（B）ことを予期し、「ボタンを押し」（A）た、と記述することもできる。しかし、「エサが出てくる」（B）ことを予期し、「ボタンを押し」（A）たと記述したからといって、必ずしもそこに「心」というものを介在させる必要はないだろう（チンパンジーがボタンや機械の「心」を理解したり、それらの立場になって考えていた、という説明は不要だろう）。とするならば、――「ボタンを押してエサを手に入れる」と比べるとかなり複雑といえるものの――相手の「心」を理解しなくとも、自分がある行為をした（A）ときに、相手がどう反応する（B）のかを予期するということも、必ずしも相手の「心」を理解していたり、相手の立場に立って考えることができなくても可能であるといえる。

以上は、宝探しゲームにおける「あざむく」という行為が、必ずしも相手の「心」を理解したり、相手の立場に立って考えることができることを帰結しないことを示しているだけで、チンパンジーが他者の「心」を理解したり、相手の立場に立って考えることが不可能であることを示していない。以上の考察が示しているのは、第一に、チンパンジーが他者の「心」を理解していたり、相手の立場に立って考えることができることを示すためには、さらなる実験が必要であるということである。第二に、ヒトが他者の「意図」を理解するということは、ただ上述したようなA→Bを予期できるということとは異なるということである。第三に、我々はしばしばある動物の行動を見て、それが高度な知性によるものと解釈したくなるが、それを確かめるためには、様々な実験による追試が必要ということである。

（10）**問い①-2-6**と**問い④-1**に関しては、一つの問いであるが、チンパンジーの非能力についての問い（**問い①-2**）のシリーズであると同時に、「意味の問い」（**問い④**）のシリーズでもあるため、例外的に二つの問いの番号を振ることにした。

（11）この点について、松沢は、人間は「AならばB」ということを学ぶと、他のことをいっさい学んでいないのに、「Bならばきっと Aに違いない」と勝手に（論理的に間違っている）推論するが、チンパンジーにはそれができない、と指摘している（松沢 二〇一一、一六六）。しかし、第3章で明示するように、以上のような理解は、そもそも人間における語とその意味の習得を捉え損ねていると考えられる。

（12）このような関係が成立してはじめて、トマセロは概念の「共通基盤」（Tomasello 2008, 163: 一四八）と呼ぶようなコンテクストの共有がなされるとする。トマセロらの研究によれば、「少なくとも九～十二ヵ月までに乳幼児は他者と一緒に三者からなる共同注意の活動に参加し始め、協力にもとづくコミュニケーションに必要な共通基盤の一種を作り出す」（Tomasello 2008, 140-1: 一二八）のである。すなわち、言語を習得する以前に、三項関係に基づく「共通基盤」ができていることこそが重要であり、トマセロが指差しに注目するのは、「協力に基づくコミュニケーションの人間のみに固有な形式での最初の兆候は、言語以前の身振りによるコミュニケーション――特に指さし――において出現して」(Tomasello 2008, 166: 一五一) いるためである。
トマセロは、子どもの初期の「指さし」と「言語使用」とを比較し、両者はどちらも同じ「情報構造」を共有しており、すでに了解済みのものを前提したうえで、指さしによって相手に何か新しいこと、注意に値することを知らせているとする。トマセロによれば、新たな物体が現れたり、その場にすでにある物体が新たな活動を始めたりすると、二歳以降の幼児はその新たな要素に言及する傾向があり、さらには、その新しい要素とは、自分自身にとってでなく聞き手にとって新しいかどうかであるとされる。すなわち、幼児であったとしても、「共同注意で過去に他者と自分が経験した対象かどうかを判別できる――つまり、今一緒に見ているもの(共同注意)だけでなく、過去の経験から一緒に知っているものもわかる」(Tomasello 2008, 141: 一二九) のである。

(13) すでに筆者は、ヨナスの思考実験とその意義については論じたことがある(木村 二〇二〇)。

(14) 同様の事態は、絵画を鑑賞する者にとっても、言うことができる。絵画を絵画として鑑賞する際には、それが実物ではなく、多くの場合にはその場には現前していないモデルについての像であるとみなしており、同様の三項関係が成立している。
付言しておけば、「距離を空ける」という働きとは、二つのものそれぞれに関わることができることではないし、また、二つのものに一挙に関わることでもない。例えば、目の前のシカを絵に描いているという場に、飼い犬が入ってきたという状況を想像してみよう。その飼い犬は、シカにもそのシカが描かれた絵画にもそれぞれ関わることができ、またモデルと絵画とを一挙に視野に収めることもできるだろうが、それぞれへと別々に関わったうえでそれぞれから「距離を空ける」ことができず、それぞれを比較することができないために、その絵画を「そのモデルが描かれた像」として理解することができないのである。

(15) 筆者は以前にアーレントの意志論を論じ、その要点を「保留し、可能性を開く」点にあるとした(木村 二〇二〇b)。「保留し、可能性を開く」とは、例えば殴られたときに「殴り返す」という反応を自動的にするのではなく、いったん選択・行動を留保し、それをしていいのか自問自答(思考)したり、それをすることで周りからどう思われるのかを考えたりする(判断する)、余地を開くことである。このようなアーレントが意志のうちに見いだした「保留し、可能性を開く」という性格は、本書で提示する「距離を空ける」という働きと親近であると思われる。

第2章　意図を哲学的に問い直す

前章では、ヒトとそれ以外の霊長類とを区別する機構は、「一つだけ」に絞られるとするトマセロの仮説を確認したうえで、他者の「意図」、あるいは何のために作られたかという道具の「意図」を理解する能力こそが、ヒトに「累進的な文化進化」を可能にする能力であるというトマセロの主張を確認した。そして、ヨナスの議論を参照しつつ、「距離を空ける」という働きを「ヒト－チンパンジー＝？」という問いへの暫定的な応答とした。前章の最後で示されたのは、トマセロが言葉の習得において重要であるとする「共同注意」を構成する矢印が、「距離を空ける」ことによって部分的に可能になることであった（図1－1、図1－2）。しかしそこでも、例えば子どもは親のような他者の「意図」を理解することができなければ、「共同注意」が成立しないことが確認された。

前章の議論では、トマセロの提起する、「意図」を理解することと、ヨナスの議論を基に見いだした「距離を空ける」ことという二つの能力が提示されたが、ヒトをヒトたらしめている能力は一つであるというトマセロの仮説に従うならば、この二つは統合されねばならない。そのため、この二つの能力をいかに整合的に理解するかということが以後の課題となるが、先んじて結論を述べておけば、他者の「意図」を理解することは「距離を空ける」という働きによって可能になる、すなわち「距離を空ける」という働きこそがヒトに特有の能力であるというのが、筆者が提示したい結論である。

しかしそのためには、「意図」とはどのような構造を有し、それを読み取ることはどのようにして可能であるのか、という「意図の問い」（問い②）を解明しなければならない。さらには、その「意図」の読み取りに際してその行為をしている者が「誰」であるのかということが連動しているとすれば、そもそも我々はいかにして自他が「誰」であるのかを理解しているのかという「誰の問い」（問い③）を解明する必要があるだろう。

以上の**問い**②、**問い**③に応答するために、哲学的な知見を導入することにしたい。というのは、哲学とは、管見によれば、我々が理解しているはずであるが、明確化できない事柄を明確化していく学で（も）あるためである。アンスコム、マッキンタイア、ハイデガーといった哲学者の知見を参照することで、我々が明確には理解しているとはいえないが、漠然と理解している「意図」や「誰」の構造について光を当てることができるだろう。

1　意図とは何か

本章では、他者の「意図」を理解することを、「距離を空ける」という働きから解明することを試みるが、しかし改めて「意図」とは何であるだろうか。これは一見したところ、自明であり、問うに値しない問いであるように思える。というのは、普段我々は自分の意図はもとより、他者の意図であっても、ほとんどの場合、苦もなく理解しているためである。例えば、筆者は現在、著作を完成させるという意図のもとで、パソコンのキーボードを打っている。筆者の腕と指が、勝手に筆者の意図に反して動いているわけではないため、筆者がパソコンのキーボードを打つという行為は、意図的な行為といってよいだろう。しかし、筆者はキーボードを打っている間、常に著作を完成させるという意図やキーボードを打とうという意図を明確に持っているわけではない。むしろ、文章を書くという行為に集中すればするほど、それらの意図は背景化し、意識されなくなるように思われる。

あるいは、左右を見つつ車道を横断しようとしている者を見たという状況をイメージしてみよう。我々はその者が、例えば夢遊病者のように、自らの意図に反して横断しているとは通常はみなさず、意図的に「向こう側に渡ろうとしている」とみなすだろう。つまり、他者の頭の中を覗き見ることはできないにもかかわらず、「向こう側に渡る」という意図をごく自然と、自明なものとして読み取っているといえる。

本節では、以上のような性格を有する「意図」とはどのような構造を有し、他者・道具の「意図」を見て取ることはどのようにして可能となっているのかという問い（**問い②-1**）に応答することを試みる。その手掛かりとして、現代の哲学界に行為論を再興させた、アンスコムの『インテンション』（一九五七年）における「意図的行為」についての分析を参照する。アンスコムの『インテンション』を導きの糸とすることで、以上で素描した意図の性格をより精緻に捉えることができるだろう。

（1）アンスコム『インテンション』における意図的行為

ここでは、アンスコムの『インテンション』を参照し、彼女が指摘した「意図的」であることの性格を捉えたい[1]。アンスコムは、「意図的」であることの「透明さ」を強調している**［意図の特徴① 透明さ］**。まず「意図的」であることは、当人にとって透明であり、必ずしも当人が常に意識しているものではない。例えば、自分の手足の位置を観察することなく知っている、というように、意図もまた「観察によらずに知られる事柄のクラス」に属し、当人にとってあえて意識するまでもない自明なものであるとされる。この「観察によらない知識」の具体例としてアンスコムが挙げるのは、視覚によって確認せずに文字を書くという例である（Anscombe 2000（1957）, §29, 53　一一七）。このような場合、適切に文字を書くことができるかどうかはともかく、（自分の意図に反してではなく）文字を書こうとしているという意図のもとで自分がそれをしていることは、視覚による観察によらなくても自明である。

また、この「意図的」であることの自明さは、自身の行為だけではなく、他者の行為についても指摘できる。アンスコムは、「ある人の一連の行動が意図的かどうかという問いは通常生じない。そのため、それらをわざわざ意図的と呼ぶのは多くの場合「奇妙（odd）」に聞こえる」（Anscombe 2000（1957）, §19, 29: 七四）[2]と述べる。例えば、歩道を歩いていた人物が車道のほうを向き、左右を確かめ、安全になったタイミングで横断するのを目にした場合、「あの人は意図的に道路を横断した」とは普通は述べない。というのは、そのように述べなくとも、その者の行為が意図的であることは「自明」であるためである。すなわち、人間のある運動がまず現れ、それに理由が付加されることによって、「なぜ」という問いの対象になるわけではなく、まず「なぜ」と問うことができるような行為としてある動きが理解されているといえる。そしてその場合、そのような「なぜ」の問いとは、「原因」を問うものではなく「理由」を問うものなのであり、道の横断という行為は、はじめからそのような「なぜ」の問いが適用可能な出来事として理解されているのである。(3)

さらにアンスコムは、「意図的」であることは、行為者の内面に存するのではなく、「その行為について我々が与える（または与えうる）何かの記述のもとで意図的だと述べること」（Anscombe 2000（1957）, §19, 29: 七四）とする。つまり、一般に意図とはその行為者の内面に存している私的なものと考えられるが、そうではなく、「意図的」であることは、「我々が与える」という公共性を備えている【意図の特徴② 公共性】。例えば、ある男の様子を直接見ることができない位置にいる人に報告するときに、ただ「手でドアのノブをひねっている」ではなく、「ドアを開けようとしている」と報告した場合には、単にその男が何をしているかだけではなく、その男が何をしようとしているのかという意図をも報告しているといえる。また、このような場合、報告された内容は、大抵当人に尋ねることなく明白であり、それは当の男に聞いても大抵合っているのである。

さらに、アンスコムが強調するのは、このような【意図の特徴② 公共性】は、観察者が一方的に与えるものではなく、「なぜ（それをしているのか）」という問いに対する行為者の応答において成立するということである。このような仕方で「意図的」であるとは「我々が与える（または与えうる）何かの記述のもとで意図的だと述べること」であるために、「意図的行為の記述の形式を我々がもっていることに、直接的に依存している」（Anscombe 2000（1957）, §47, 84: 一七四）といわれる。

実際には、「意図的」という語は出来事（events）の記述の形式に関わっている。この形式に対して何が本質的であるかは、「なぜ」の問いに対する我々の探究の結果が示してくれる。出来事がこの形式で記述されるのは、典型的には、それらの記述に「～するために（in order to）」や（ある意味における）「～だから（because）」が添えられている場合である（Anscombe 2000（1957）, §47, 84f.: 一七五）。

そして、このような「なぜ」の問いに応答することによる「それ（意図）の表明は、純粋に慣習的（conventional）であり、慣習的な意味と結びついた特定の身体の動きを言語のうちに含めてよいなら、われわれはそれを「言語的」と呼ぶことができるだろう」（Anscombe 2000（1957）, §2, 5: 二九）といわれる。すなわち、「我々が与える（または与えうる）何かの記述のもとで意図的だと述べること」とは、慣習的に規定されており、この点で「言語的」に意味付けられているといえる**［意図の特徴③　慣習性・言語性］**。しかし、アンスコムのいうように「意図的」であることが慣習的・言語的に意味付けられているとすれば、そのような慣習的な意味はどのような構造を有しているのかや、さらにはどのように習得されたのかが問われなくてはならないだろう（**問い②-2**）。

アンスコムは、次のポンプを上下させている男の例を基に、さらに意図の記述の性格を析出していく。

一人の男が、ある家に飲み水を供給する貯水槽へポンプで水を送っている。ある者が、その効果が治療不可能になるまで気づかれない蓄積性の致死毒によって、水源を計画的に汚染する方法を思いついた。その家には、大国を支配する政党の党首とその近親者の一行が定期的に訪れ、彼らはユダヤ人の絶滅と、おそらくは世界大戦をひき起こす計画に従事している。――水源を汚染した人物の計算では、彼らが消えれば、善良な人間が政権に就き、上手に国を治め、地上の楽園を建設し、あらゆる人々により良い暮らしが保障されることになる。そうしてその者は自分の計算を、毒に関する事実とともに、ポンプを操作する男に打ち明けた（Anscombe 2000（1957）, §23, 37: 八八）。

やや複雑な例であるために状況を確認しておこう。この例では、ポンプで水を送っている「一人の男」と、毒を貯水槽へ入れた「ある者」が登場している。つまり、ポンプを操作している「一人の男」は自分で毒を入れたわけではないが、貯水槽には毒が入っており、自分がそのまま水を送り続けると、それによって毒殺がなされることなどを知っているという状況である。

この例からアンスコムが析出するのは、まず、一つの行為は多様な記述ができることである【意図の特徴④ 記述の多様性】。例えば、「なぜあなたは腕を上下に動かしているのか」という問いに対して、男は「ポンプを操作するためだ」、「貯水槽に給水するためだ」、「あの家の住人に毒を盛るためだ」などと答えることができ、そのどれも間違った答えというわけではない。この多様な記述について、アンスコムは「したがって、四つの記述を伴う一つの行為が存在しており、四つの記述〔「腕を上下に動かす」「ポンプを操作する」「貯水槽に給水する」「あの家の住人に毒を盛る」〕は、それぞれ広くなっていく状況に依存し、またそれぞれは後続の記述に対して、目的に対する手段を記述することとして関係している」（Anscombe 2000（1957）. §26. 46: 一〇五）と述べる。

ある一つの行為（例えば、「腕を上下に動かす」）に対して、四つの記述のそれぞれのもとで行為が「意図的」とされるような「四つの意図」（例えば、「運動するため」「ポンプを操作するため」「貯水槽に給水するため」「あの家の住人に毒を盛るため」など）を指摘することもできるし、記述列の終端に位置づけられた「一つの意図」（例えば、「あの家の住人に毒を盛るため」）を指摘することもできる。そのうえで、「その意図〔例では、「あの家の住人に毒を盛るため」という意図〕が、記述列のより初期の項に伴われていた先行する他のすべての意図を、いわば包み込む（swallow up）形になっている」（Anscombe 2000（1957）. §26. 46: 一〇六）のであり、残りの記述のいずれもが、その「一つの意図」を伴って為されているといえる。それゆえ、Ａ［腕を上下に動かす］について「なぜ？」と問われたときに、その終端の目的であるＤ［あの家の住人に毒を盛るため］を答えとして与えることができるが、その際Ｂ［ポンプを操作する］とＣ［貯水槽に給水する］は、そのＤに関して「どのようにして」を問う問いに対する答えとして登場しうるとされる。

このように「意図的」であることは多様に記述されるが、だからといって行為は無限に多様に記述されたり、問いと答えの連鎖が無限に続くのではなく、限定されているとされる**［意図の特徴⑤　記述の限定性］**。ポンプを上下させている男の例では、問いと答えの連鎖は、「ポンプを操作するためだ」、「貯水槽に給水するためだ」、「あの家の住人に毒を盛るためだ」と続いていくが、これ以降の「ユダヤ人の絶滅を止めるためだ」「地上の楽園を建設するためだ」とはいえないとされる。このように区切りができるのは、アンスコムが、ある行動が意図的行為であるためには、意図された未来の事態が、その行為を初期段階とする出来事の系列の中で「問われている当の行為によってもたらされるであろう、もしくはもたらされうる、と行為者が考えているとわれわれが理解できる」（Anscombe 2000（1957）, §22, 35: 八六）ことが必要であると考えているためである。ポンプを上下させている男の例では、「貯水槽への給水」や「あの家の住人の毒殺」という結果は彼の行為によってもたらされるとはいえても、「ユダヤ人を救う」、「善良な人間を為政者にする」、「地上の楽園を建設する」などは、男の行為を必要な一部とはしているといえるが、それ以外の行為もなければ実現しないため、男の「意図的行為」とはいえないのである。

さらに、男の例において、男が「あの家の住人に毒を盛る」という意図を有しているといえるのは、以下の条件を満たしているときであるとされる。

もし、現状に関する知識や見解（knowledge and opinion）があり、さらに、例えばA、B、Cといった特定のことを行ったならばZといった事態が生じるであろうという知識や見解があるならば、A、B、Cを行うことでZを行おうという意図を持ちうる。そしてもし、事実そのような知識が行為者にあったり、その見解が正しかったりしたならば、Zをすることやを引きおこすことは意図的な行為になる（Anscombe 2000（1957）, §28, 50: 一一二―一一三）。

例えば、男が毒を入れた人物から毒に関する事実を知らされていなければ、自分が腕を上下させポンプを動かし給水すること（A、B、C）をしても、「あの家の住人が毒を盛られる」（Z）という事態が生じるという知識や見解を持つことができないために、「あの家の住人に毒を盛る」という意図的行為をなしていないことになる。それに対して、現状に関する知識や見解が十分であり、自分がポンプを操作することで「あの家の住人に毒を盛る」ことになることを理解している場合には、当人がそのような意図を持っていなかったと言っても通用せずに、「あの家の住人に毒を盛る」という意図的行為をなしているとみなされるのである。ポンプを上下させている男の例の分析によって、先程**[意図の特徴② 公共性]**として捉えた意図の性格は、**[意図の特徴④ 多様性]****[意図の特徴⑤ 限定性]**などとともに、その**[公共性]**がいかにして確定されるのかが判明となったといえる。

ここでの考察によって明らかとなった五つの意図の特徴は、「意図」とはどのような構造を有し、他者・道具の「意図」を見て取ることはどのようにして可能となっているのかという問い（**問い②-1**）に対する応答といえる。しかし改めて考えみると、**[意図の特徴①]**として挙げた「観察によらずに」知られるという意図の「透明さ」とは何であろうか（**問い②-3**）。というのは、ある者のある行為の意図を読み取るためには、その者や周囲の状況を観察する必要があると思われるためである。次は、この問いに応答したい。

（2） 観察によらない知識としての実践的知識

（1）では、アンスコムの『インテンション』における「意図的行為」の分析を概括し、**[透明さ]****[公共性]****[慣習性・言語性]****[記述の多様性]****[記述の限定性]**という五つの特徴を確認した。どの特徴も重要な洞察であり、本書の以後の論述の指針とすべきものであるが、まず着目したいのは、**[公共性]**という特徴である。本章において「意図」を解明する必要が生じたのは、トマセロによる「ヒト－チンパンジー＝？」への応答である「他者・道具の意図を理解できる」という応答（**応答①-1-4**）が機縁であり、それがいかにして可能となるのかを明らかにする必要があったためであった。目の前のものに注意を向けていることに気付くことは、目線や身ぶりによって可能かもしれない。しかしヒトは、目の前にないものについても共同で注意を向けることができるし、他者の制作した道具が何を意図して作られた道具であるのかを推定することができる。そのため、「意図」を内面にあるものではなく、「公共的」なものとしたアンスコムの洞察は、本書の研究を前に進めるために寄与しうるといえる。というのは、「意図」が内面にあるとする前提に立ったままでは、他者の意図を読み取るとは、原理的にアクセス不可能な他者の「心」という「内面」へアクセスしていることになり、それは（テレパシーが使えでもしないかぎり）不可能なこととなるためである。さらに、そもそも「心」を持ちえないだろう道具の内に、それが作成された意図を読み取ることも不可能ごととなってしまうためである。しかし、我々は実際に他者の意図を、ある程度の確かさで特に意識することすらなく、いわば「透明に」理解できてしまっているのである。この事実を説明するためには、「意図」をヒトの「心」という「内面」にあると考えるのではなく、公共的に共有されたものであると考えるべきだろう。

しかしながら、「意図的」であることは「観察によらずに知られる事柄のクラス」に属し、当人にとっても他者にとっても透明であるとは、どういうことであるだろうか。そこで理解されている意図とは、どのようなありようをしているのか。この**［意図の特徴①　透明さ］**をより精緻に捉えるために、野矢茂樹と竹内聖一の議論を参照したい。

野矢は、意図的行為とは「観察によらずに」知られるというアンスコムの主張に対して、鏡を見ながら髭を剃る場合には、鏡に映った姿を観察する必要があるために、アンスコムの主張は「いささかミスリーディングである」（野矢一九九九、二四八）と指摘している。それに対して、竹内はアンスコムの「知識」とは、世界がどのようにあるのかを示す通常の知識ではなく、目的を実現するためになすべき一連の行為が何であるのかを明らかにする「実践的推論」によって導き出される「実践的知識」であるとする。例えば、ポンプを上下させている男の例においてその男は、ポンプを上下させること（A）によって、その結果として「あの家の住人が毒を盛られる」（Z）という事態が生じるという知識を持っていることによって、「あの家の住人に毒を盛る」という意図的行為をなしうるのであったが、そのような知識が「実践的知識」である。

このような実践的知識と通常の知識との対比を捉えるために、竹内の買い物の例を参照しよう。それは、事前に買うべき物を書いたリスト（「実践的知識」の喩え）と、買い物をする者を尾行しながら何を買ったのかを書いたリスト（「通常の知識」の喩え）との対比として描かれる。尾行しながら記したリストが実際に買ったものとずれていた場合、リストが訂正されるべきであるのに対して、事前に書かれたリストと実際に買ったものとがずれていた場合、訂正されるべきである（間違っている）のはリストではなく、実際に買ったもののほうである。このことから竹内は、「実践的知識が実践的知識たるゆえんは、現実になされた行為を正しく記述していることにはない。むしろ、行為者の目的を実現する手段を正しく捉えているという点に求められるべき」（竹内 二〇二二、四三）と指摘する。例えば、事前に買うべきものを書いたリストが訂正されるのは、目的（例えば、「カレーライスを作る」）に照らして、必要なもの（例えば、家で使い切ってしまっていた「カレールー」）が書かれていなかった場合などである。

以上のような「行為者の目的を実現する手段」についての実践的知識（例えば、「ポンプを上下すれば、毒殺できる」、「カレールーを買えば、カレーライスを作ることができる」）のもとである行動が位置づけられることで、その行動はある意図的行為（例えば、「あの家の住人に毒を盛る」、「カレーライスを作る」）としてその意味が「観察によらずに」理解されうる。「観察によらない知識」とはこのような「実践的知識」であるとする竹内の解釈を、その知識が現実を観察することから得られるのではないという点よりも、目的を実現するためには何をしなければならないかを教えるという仕方で、なすべき行為を指定するという点を強調するものであると捉えたい。先程の竹内の買い物の例でも、買うべきもののリストを作る際には、冷蔵庫の中身を確かめるなどの観察が行われているだろうが、買うべきもののリストに特徴的なのは、それが買うべきものと買うべきではないものとを区別し、次に何をすべきであるのかをあらかじめ指定するという点にあるといえる。(4)

以下では、「実践的知識」についての竹内の解釈を採用したうえで、この「実践的知識」の構成を解明していこう。まず自身が行為者である場合を考えてみたい。自身がどのような意図的行為（例えば、「一四時からの大学の授業に間に合うために、電車に乗る」）をしているかということは、自身の目的を実現する手段についての実践的知識（例えば、「一三時発の電車に乗れば、一三時半には大学の最寄り駅に着き、授業の開始に間に合う」）においてその意図的行為（例えば、「一三時発の電車に乗る」）が位置づけられることで理解されている。しかし、このように電車に乗っている場合、実践的知識と実際の意図的行為との関係はどうなっているのだろうか。例えば、電車の中でスマートフォンの画面を眺めているときには、実践的知識（例えば、「一三時発の電車に乗れば、一三時半には大学の最寄り駅に着き、授業の開始に間に合う」）は意識されず、目の前の画面に集中しているということが度々あるだろう。つまり、電車に乗っている間中、実践的知識が念頭にあるわけではないが、そうしたときでも「大学に行くために電車に乗っている」と言いうるように思われる。このことは、実践的知識の内的構造とそれによる実際の意図的行為の指定のありようについて、さらに詳細に解明する必要があることを示しているだろう（問い②-4）。

このような問いに応答することは、第2章1（1）において提起された、「意図的」であることの慣習的・言語的な意味がどのように習得されたのかという問い（問い②-2）に応答するための準備となる。というのは、ある行動が実践的知識のもとである意図的行為として理解されうるとすれば、アンスコムの指摘とは実は、実践的知識が慣習的・言語的に形成されているという指摘であると読むことができるためである。そのため「意図的」であることの慣習的・言語的な意味がどのように習得されたのかという問い（問い②-2）は、実践的知識が慣習的・言語的に形成されているとはいかなることか、という問い（問い②-5）へと発展的に解消できるだろう。

続いて、他者の意図的行為を理解する場合について考えよう。ある者が何をしようとしているのかということの理解は、ポンプを上下させている男の例では、取り調べをし、その男の実践的知識が判明となることで、男の意図は公共的に確定されるとされた。しかし、通常ほとんどの場合、我々はこのような取り調べを行うことはないし、より簡易な「なぜ（それをしているのか）」という問いをわざわざ発することすら稀であるだろう。例えば、早朝の電車の中でスーツ姿のサラリーマンらしき男性を「出勤」という意図的行為の最中とみなす場合、目的地のことやそこにいたるまでの出来事系列をいちいち確認しているわけではないにもかかわらず、我々はその者の行動を「出勤」という意図的行為とみなすことができてしまっている（無論、このようなみなしが間違いである可能性はある）。つまり、一見したところサラリーマンらしき男性をそのもとに位置づける「実践的知識」が不十分であるにもかかわらず、ある行動をある意図的行為とみなすことができてしまっているとすれば、それはいかにしてなのだろうか（問い②-6）。

2　「誰」と「役割」の理解

第1章2では、他者の意図を理解できる点で、ヒトは他の霊長類と区別されるのであり、他者と注意を共有し「三項関係」を成立させることができることが、言葉の習得を可能にするというトマセロの見解を確認した。そして、第2章1では、アンスコムの『インテンション』における意図の分析を参照した。アンスコム／竹内によれば、ある行動は実践的知識のもとで理解されているとされた。この実践的知識の構造が明らかにされなければならないが、その前に次のことを指摘しておきたい。それは、ある行動に対してある実践的知識を適用する際には、その者が「誰」なのかということも重要であるということである。例えば早朝に「歩く」という（意図的）行為を見た場合、その者がランドセルを背負った子どもであれば、「登校」とみなされるだろうし、スーツを着た者であれば「出勤」とみなされるだろう。また、その子どもやスーツを着た者が知己であるか否かによって、つまりその者が「誰」であるのかをより詳しく知っている場合と、ただ年恰好から推定する場合とでも、その行為の解釈は異なってくるだろう。

本節では、この「誰の問い」（問い③）を掘り下げたい。我々はいかにしてある者が「誰」であるのかを理解しているのか（問い③-1）。まず、その者が「誰」であるかということは、物語において理解可能となり、そして「誰」を理解することによって、その者の行為の「意図」が理解可能となるとする、マッキンタイアの『美徳なき時代』における考察を参照する（第2章2（1））。続いて、その者の「誰」が物語から一義的に規定されず、周囲の物との関わりといった振舞からも規定されていることを示すために、ハイデガーの世人論を取り上げる（第2章2（2））。

（1）『美徳なき時代』における物語による「誰」の理解

周知のように、『美徳なき時代』（一九八一年）は現代にアリストテレス的な徳倫理を再興させるきっかけとなった書であり、物語の分析も、倫理的な問題（正しさが歴史的共同体によって規定されることや、申し開きを要求されるような自己の同一性）を基づけることに向けて方向づけられている。しかし、ここでは、物語と「誰」の関係にのみ焦点を絞り、マッキンタイアの議論を追跡したい。

マッキンタイアのいう物語の性格は、いくつかの点にまとめられるだろう。第一に、マッキンタイアは、「私はこうして、特殊的には会話、一般的には人間の活動（action）の両者を、演じられた物語として提示している」（MacIntyre 2007（1981）, 245: 二五九）と述べ、会話に代表されるような、人間の活動、相互行為（transaction）を物語として理解できるとしている。以下の箇所を見てみよう。

> 物語という形式が他者の活動を理解するのにふさわしいのは、我々は皆自分の人生で物語を生き抜いているからであり、我々が生きている物語という観点から自分自身の人生を理解するからである。物語は、虚構の場合を除けば、語られる前に生きられている（MacIntyre 2007（1981）, 246: 二五九）。

すなわち、我々は物語の中を生きており、過去から将来へと続いていくそれぞれの物語において自らを理解している。我々が他者のある行為を理解できるのは、その行為の目的（意図）を理解できるからであり、その目的を理解できるのは、その行為者の物語における「役柄」を知るためである[5]。

> 子供たちが、子供とは何で親とは何であるかを、自分たちが生れ落ちた劇での登場人物の役は誰がしているのかを、そして世界はどんなあり方をしているのかを、学び取ったりあるいは間違って学んだりするのは、次のような物語を耳にすることを通してなのである。［……］

子供たちからそのような物語を奪ってしまえば、彼らは言葉においてだけではなく行為においても、どうしていいかわからない不安げどもりにされてしまうだろう。だから、私たち自身の社会も含めてある社会を私たちが理解する仕方としては、その社会の初期のドラマの材料となっている蓄積された様々な物語によるしかない（MacIntyre 2007（1981）, 251: 二六五）。

マッキンタイアは、古代ギリシアにおけるホメロスの『イリアス』や『オデュッセイア』を例に挙げ、物語とは、私のもの、他者のものという個人的なものであるとともに、歴史的なものとして、その個人の属する集団的なものでもあるとしている（MacIntyre 2007（1981）, 245-6: 二五九）[6]。自他の生きていた軌跡が物語であるのは勿論、昔話や民話、伝説だけではなく、さらに、その共同体で共有されている歴史や事件なども物語であるといえるだろう。例えば現代の日本では、幼少時に読み聞かせられた「桃太郎」や「浦島太郎」といった昔話は勿論、ある世代に広く共有されている漫画やアニメも物語に含まれると考えることができるだろう。さらに、学校で教育されている日本史や大河ドラマなどによって共有されている歴史上の出来事、ニュース番組で報道される芸能人のゴシップなども物語に含めることができるかもしれない。

それでは、そのような複数の物語を我々はどう生きているのだろうか。重要であると思われるのは、我々が生きている物語では、我々がそれを始めることはできないという点である。

> 登場人物たちはもちろん、文字通り最初から（ab initio）はじめることは決してない。彼らは途中から（in medias res）飛び込んでくる。その物語の始まりはすでに、それ以前の出来事と人物によって彼らのために造られている（MacIntyre 2007（1981）, 249: 二六二）。

すなわち、小説家がフィクション物語を始めるようには、我々は我々がその内で生きている物語を始めることはできない。我々はすでに進行中の物語の内に投げ込まれており、その内で思考し、行為しなければならない。ただし我々はただの舞台上の役者とも、次の点で異なっている。それは、我々がこれからの物語の筋に関与しうるという点、すなわち我々は役者であると同時に執筆者でもあるという点である。このように我々は一方では物語の執筆者であるのだが、他方では、我々の物語が他者との間で織りなされるものである以上、我々は単独の執筆者ではなく、共同執筆者（co-authors）でもあるとされる（MacIntyre 2007（1981）, 247-8: 二六一）。我々の物語は、他者との間で織りなされるものであるため、私の物語は他者の物語に干渉され、私が私や他者に割り当てた役柄は、頻繁に、他者が他者自身や私に割り当てた役柄と齟齬が生じることがある。それゆえ、我々が生きている物語とは、我々が紡ぎ手でありながら、それを始めることも終わらせることも、そしてその進行も意のままにできない物語といえる。すなわち、「彼らは気に入ったところから始められなかったように、まさしく気にいるとおりに事を進めることもできない。それぞれの登場人物は、他者の活動と、自分と他者の行為において前提されている社会的舞台とによって制約されている」（MacIntyre 2007（1981）, 249: 二六三―四）のである。

以上のように、一人の語り手の意のままにならないことによって、我々がその内で生きている物語の結末は、予測不可能となる。しかしこのことは、必ずしも我々が物語の結末を予測していないことを意味していない。マッキンタイアが、「こうして、私たちが生き抜く物語は予測不可能な性格と部分的に目的論的な性格との両方を有している」（MacIntyre 2007（1981）, 250: 二六四）と述べるように、我々は我々の生きている物語の結末を予測できないことを知りつつ、物語の続きを希望し、ある行為をはじめるのである。我々はただ決められた役柄を演じるだけで結末に関与できない無力な役者ではなく、共同執筆者として希望する結末へといたるために物語に関与することができるといえる。

ここまで確認してきたマッキンタイアの洞察から、サラリーマンの出勤の例において「実践的知識」が不十分であるにもかかわらず、ある意図的行為とみなすことができてしまっているのはなぜかという問い（問い②-6）に部分的に応答できるだろう。他者の行為の意図はある「実践的知識」のもとで読み取られるとするアンスコムの分析に対して、そのような「実践的知識」が不十分であるにも関わらず、その行為の意図が読み取られうるのは、その共同体が規範とする「物語」においてその者が「誰」であるかを理解しているためであるといえる（応答②-6-1）。

例えば、大学内を急いでいる者に出会ったという場面を想定してみよう。その者を「学生」であるとみなした場合は、「授業を受講するために」急いでいるとみなすかもしれないのに対して、その者を「教師」であるとみなした場合は、「授業をするために」急いでいるとみなすかもしれない。このような「意図」の相違が生まれるのは、「学生」であるとみなした場合は、授業を受講することによって知識を学んだり、単位を取得したりするという目的から構成された「実践的知識」のもとで、「急ぐ」という行為を意味付けているのに対して、「教師」であると見なした場合は、授業を行うことによって学生を教育したり、そのことによって収入を得たりするという目的から構成された「実践的知識」のもとで、「急ぐ」という行為を意味付けているためといえる。そして、その「誰」が何をするのかということは、それぞれの共同体で共有されている物語によって規定されているのである。

そして、我々はいかにしてある者が「誰」であるのかを理解しているのかという問い（問い③-1）に対しては、マッキンタイアの議論から、その共同体における規範的な物語において、我々がある者の「誰」を理解しているためである、と応答できるだろう（応答③-1）。しかし、ここでの考察は、さらなる問いを惹起すると思われる。第一に、物語において学ばれる「誰」とはどのような構造を有しているのか、つまりそこで学ばれていることとは何であるのかがまだ明らかでないため、それをさらに問わねばならないだろう（問い③-2）。さらに併せて、「誰」が学ばれる「物語」の構造と、そこでの学びのあり方についてもさらに精緻化する必要があるだろう。

（2）　物語における「役柄」としての誰と、「世人」としての誰

第2章2（1）では、我々が物語の内を生きており、その物語の内で役柄としての「誰」を理解しているとする、マッキンタイアの議論を概括した。続いて、ハイデガーの世人論を踏まえて、マッキンタイアの物語論を捉え直すこ

とで、いかに「誰」を理解しているのかを明らかにする際に、両者が相互補完的な重要性を有することを示したい。

ハイデガーは「差しあたって、自分に固有な自己という意味での「私」が「存在している」のではなく、世人という在り方をしている他者たちが存在している」（SZ. 129）と述べ、日常性において我々自身の自己も他者の自己も、懸隔性、平均性、均等化という「公共性」の特徴を備えた「誰でもない者」（SZ. 128）である世人として存在しているとする。『時間概念の歴史への序説』（一九二五年）では、次のように述べられる。

［……］日常的な配慮のさしあたりたいていにおいて、その都度の現存在はいつも、現存在の行うことである。世人自己は世人のなすことである。日常的な現存在の解釈は、そのつど配慮されているものから、解釈や命名の地平を手に入れる。世人は靴屋、仕立て屋、教師、銀行家である（Heidegger 1979, 336: 三〇八）。

世人自己とは「世人のなすこと」、「そのつど配慮されているものから」解釈された自己である。すなわち、我々の「誰」（例えば、「教師」「学生」）の理解は、我々が世人としてなすこと（例えば、「授業をすること」「授業を受けること」）や、世人として配慮するものとの関わり（例えば、「授業をするためにあるものとしての「チョーク」「黒板」などを用いること）から理解されるのである。(7)

第２章２（１）までの議論では、他者の行為の意図はある「実践的知識」のもとで読み取られるが、そのような「実践的知識」はその者が「誰」であるかということから開かれるとした。つまり、ある行為の意図がそのもとで読み取られる「実践的知識」と、その者の「誰」との関係を、後者が前者を基づけているという図式で捉えてきたが、そのような図式はやや事柄を単純化しすぎていた、といわざるをえないだろう。というのは、ハイデガーの世人論が示しているのは、「誰」であるのかを見定める際に、そこが「どこ」で「何を」用いて「何を」しているか、ということからも規定されているということであったためである。

以上のように、自他の「誰」の理解と道具の「何」の理解とは単に一方が他方を規定するという関係ではなく、相互に規定し合っているといえる。それゆえに、世人の「誰」もまた、道具やその場所において適切な場所を占めることもあれば、そうでないこともあるだろう。そうした「場違い」な場所にいる場合、その者が「誰」であるのかが理解しがたくなるといえる。例えば、電車の先頭車両の運転席に、Tシャツ姿の男がいたらどうだろうか。その者が実は「運転手」であり、確かな運転技術や職業倫理を有していたとしても、電車会社の制服を着ている場合と比較して、Tシャツを着ている場合では、その者が「誰」であるかは不明確となるのであり、その者の行為がそのもとで位置づけられる「実践的知識」を読み取ることが困難となることによって、何をしようとしているかという「意図」もまた不明確となるだろう。

マッキンタイアの「役柄」としての誰と、ハイデガーの洞察である「世人」としての誰とを相互補完的に理解することによって、第2章1（2）で提起された「実践的知識」が不十分であるにもかかわらず、ある意図的行為とみなすことができてしまっているのはなぜかという問い（問い②-6）に対する、第2章2（1）でのその共同体が規範とする「物語」においてその者が「誰」であるかを理解しているためという応答（応答②-6-1）をブラッシュアップすることができる。例えば、大学の構内で歩いている者をその恰好や周囲の物（者）への所作から「学生」として理解した場合、「授業に出席するために」という意図をみてとることができるだろうが、着ている服装（例えば、スーツ）や周囲の物（者）との関わりからその者を「教員」として理解した場合、同様の意図をみてとることは難しいだろう。このように、ある者が「誰」であるのかということは、その者が周囲の物といかなる仕方で関わっているのか、ということから見て取られる。同じ者であっても、学内なのか学外なのかという場所の相違によって、「学生／学生ではない」とみなされる割合は異なるだろうし、また同じ場所であったとしても、その者の恰好・姿形、振舞いによっても「学生／教師」のどちらとみなされるかは異なってくるだろう。

以上のことから、「実践的知識」が不十分であるにもかかわらず、ある意図的行為とみなすことができてしまっているのはなぜかという問い（問い②-6）に再度応答するならば、その者がその周囲の道具・物（者）と実際にどのように関係しているかということから、その共同体の「物語」においてその者が「誰」であるかを理解しているためであると応答できる（応答②-6-2）。すなわち、「学生／教員」が「何をするべきであるか」は、その共同体が共有している物語・歴史によって規定され、その物語・歴史を学ぶことによって習得されるのだが、実際に自他を「学生／教員」として理解することは、その周囲の道具・物（者）とどのように関係しているのかということから規定されているのである。(8)

さらにいえば、入学したばかりの学生と大学で数年間を過ごした学生とを比較すれば、後者のほうが自身を「〇〇大学の学生」と理解しやすいだろうし、「（学生として）するべきこと」（例えば、「授業の履修登録をするべき」「授業に出るためにどこにどのように行くべきか」）についても理解しているだろう。それに対して、いくら大学に籍があったとしても、遊んでいて一度も大学に行ったことのない者は、自身でも「〇〇大学の学生」であると自認することは難しいだろうし、他者からは「学生失格（〇〇大学の学生とはいえない）」とみなされることがあるだろう。そして、マッキンタイアによれば、その「役柄」の者が何をすべきであり、どのような意図をもっているとみなされるのかということは、普遍的に規定されているわけではなく、その共同体が有する歴史・物語によって規定されていることになる。例えば、現在の「学生」であれば、「授業に出るべき」という規範に規定されるために、その「学生」かもしれない者を見たときに「授業に出るために」歩いていると推定されやすいかもしれない。しかし、学生闘争が盛んであった時代であれば、「学生」であったとしても、「授業に出るべき」という規範が成立しておらず、それゆえある「学生」かもしれない者が歩いているのを見たとしても、「授業に出るために」歩いていると解釈せず、デモに行こうとしていると解釈するかもしれない。

3 物語文による「意図」と「誰」、意図的行為の解析

ここまでは、マッキンタイアの物語論とハイデガーの世人論を参照し、「誰」の理解がその共同体における物語を学ぶことによって習得されること、そして、その「誰」とはその者と周囲との関わり方、行為のあり方から規定されていることを明らかにした。例えば、いくら一見「大工」と思われる格好をした者がいたとしても、その者が大工道具を適切に扱えなかったり、大工として必要な知識に欠けていることがわかった場合には、その者を「大工」とみなすことが困難になるだろう。

しかし、それでは、そもそも「物語」とは何であるだろう。マッキンタイアは古代ギリシア人にとっての『イリアス』や『オデュッセイア』を挙げていた。現代の日本人にとっては、「桃太郎」や「浦島太郎」といった昔話や、歴史の授業で学ぶような戦国武将のエピソードなどが規範的な「物語」といえるかもしれない。また、ワイドショーで話題となるような芸能人のスキャンダルなどもあげられるだろう。しかし、マッキンタイアが「語られる前に生きられている」とした「物語」がどのような構造を有しているのかは、必ずしも明瞭ではないと思われる。

この「物語とは何か」という本書における四つ目の主要な問いについて、ダントの物語文を参照することで考究していくが（第2章3（1））、そこで明らかになる動的な構造は、本書の以下の考察を主導する根本的な洞察の一つである。そして、その洞察に基づいて、第2章3（2）以降では、ここまで論じてきた「意図」や「誰」、「意図的行為」の構造を捉え直していく（第2章3（2）、（3）（4））。また、物語文についての洞察は、第3章で主題的に論じる、「意味とは何か」という本書における五つ目の主要な問いを問うための足掛かりとなる。

(1) ダントの物語文

ここでは、「物語とは何か」という問い(問い④)に応答するために、アーサー・C・ダントが『物語としての歴史』(一九八〇年)においてなした、歴史を物語ることと、歴史を物語ることの最小単位とされる「物語文」についての考察を参照したい。

歴史における物語の役割はいまや明白であろう。それらは変化を説明するのに用いられるのであり、ことに特徴的なのは、一生涯の期間と比較すれば長大であるような期間にわたって生じる、大規模な変化を説明するために用いられるのである。こうした変化を顕在化させ過去を時間的全体に組織化すること、起こったことについて物語ると同時にそれらの変化を説明すること――たとえ物語文に言語的に反映された時間的パースペクティブという手法の助けを借りてであっても――それが歴史の課題である(Danto 1980, 404-5: 三〇六―七)。

すなわちダントによれば、変化を説明し、過去を組織化することが「歴史の課題」であり、その際に用いられる物語の最小単位が、変化を説明する「物語文」であるとされる。「物語文」とは、ある出来事と別の出来事の間の変化を説明するという意味で、「中間を満たす」(Danto 1980, 372: 二八一)ものである。しかし物語る際に何について物語るのかということは、「物語Sの観点で出来事EはSの部分を成すが、出来事E'はそうではないという際に我々が引き合いに出す」(Danto 1980, 28: 二四)ような「物語の規準」としての「一般法則」によってあらかじめ規定されているため、物語とは、相互に脈絡のない出来事の羅列をただ記述することではなく、関連のある出来事を取り上げ、あるいは関連のない出来事を除外したうえで、その変化を説明することとされる。

このような物語文にとって特徴的なのは、「始まり(Anfang)」としての出来事に何が選ばれるのかということが、「終わり(Ende)」(結果・帰結)としての出来事から規定される、ということである。つまり、『終わり」としての出来事から振り返って、その前の〈始まり〉から、〈終わり〉への「変化」がどのように/なぜ起こったのかが説明され

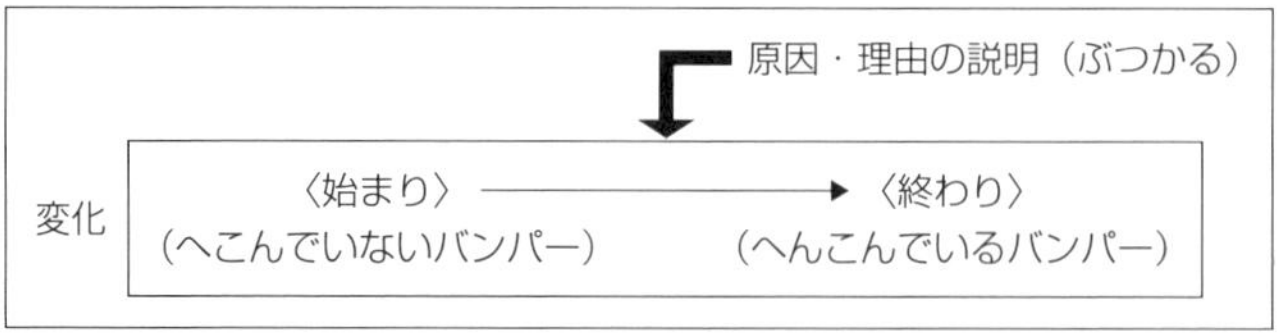

図 2-1 「ぶつかったから、バンパーがへこんだ」という物語文（1）

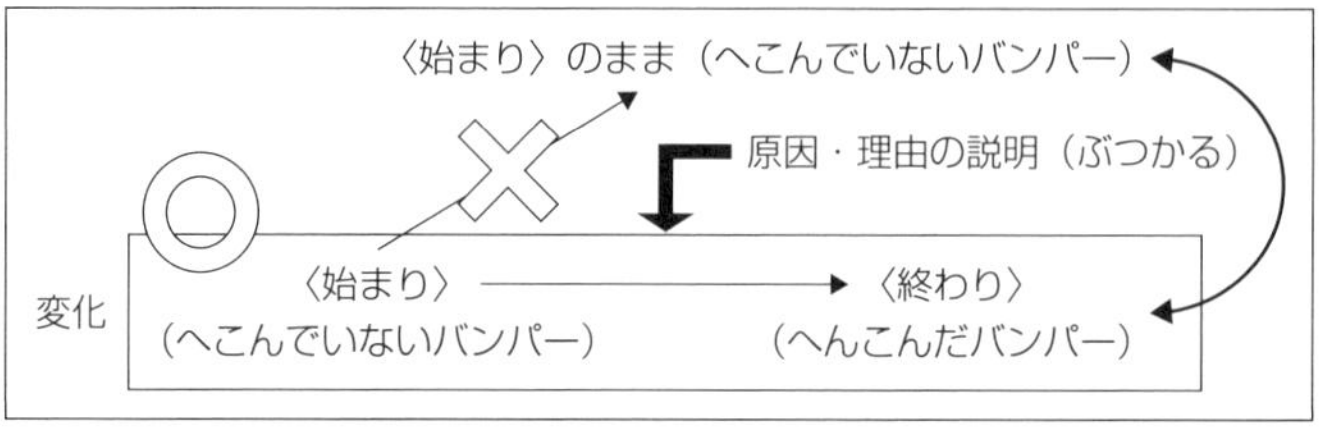

図 2-2 「ぶつかったから、バンパーがへこんだ」という物語文（2）

るのである（Danto 1980, 394: 二九八）。

以上の物語文の構造を図示すれば、上の図2-1のようになるが、この図2-1は不十分であろう。というのは、「変化」を物語る際には、もしその変化の原因や理由がなくとも、〈始まり〉→〈終わり〉の変化が起こるのであれば、わざわざその変化を説明する必要がないため、物語る際にはその変化の原因や理由が起こらなければ、〈終わり〉とならなかったという認識が伴われていると考えられるが、そのことが示されていないためである。例えば、物の落下において、〈始まり〉（高い所）から〈終わり〉（低い所）への変化が起こっているが、高い所から低い所へ落下するというのは地球上ではわざわざ説明する必要がないことであるため、通常、その変化の説明として「重力があるから」という説明はなされないし、する必要がない。そうではなく、棚に置かれていた物が落下した場合では、そのままであったら自然と落下することはないために、〈始まり〉（棚に置かれている）→〈終わり〉（床に落ちている）という変化を説明する必要が生じるのであり、そこで「地震があった」や「肘が当たった」などの原因・理由が挙げられ、物語られることになる。このことは、〈始まり〉→〈終わり〉という変化の説明として、物語文が機能するためには、〈始まり〉→〈終わり〉が必然的ではないこと、すなわち〈終わり〉とならない可能性があわせて見てとられていなければならないことを示している[9]。

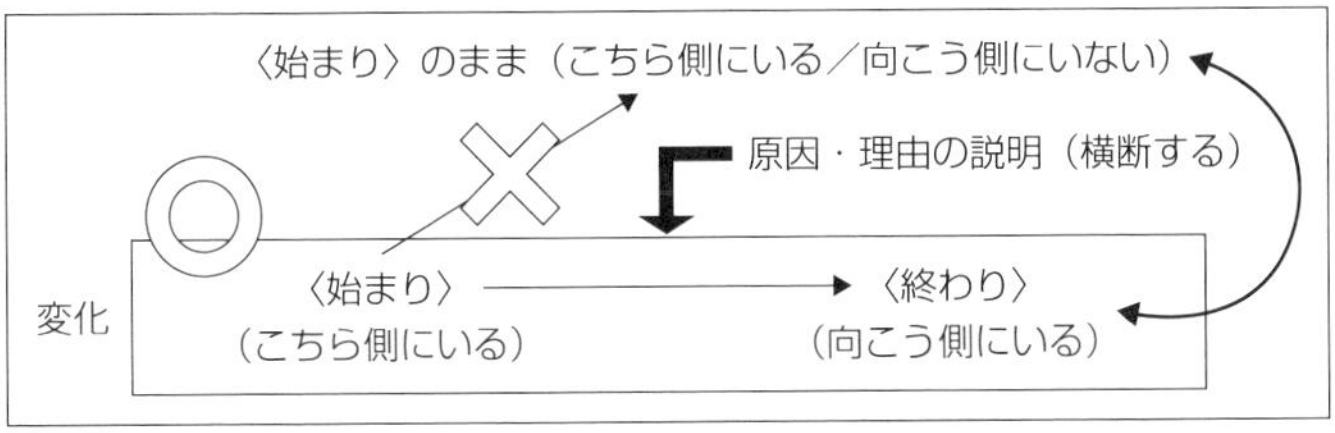

図2-3　ある行動がそのもとで「こちら側から向こう側に横断する」として意味づけられる実践的知識を構成する物語文

そのため、図2－1は図2－2のように書き換えられなければならないだろう。

（2）物語文による「意図」の捉え直し（応答②－4－1）

（1）では、ダントの「物語文」の構造を考察し、物語ることとは、〈始まり〉から〈終わり〉への変化を、そうではなかった〈終わり〉との対比において説明することであることを明らかにした。ダントの物語文を用いて、第2章1と2において考察した「意図」や「誰」の構造を捉え直してみたい。そうすることで、実践的知識がいかなる構造を有しているのかという問い（問い②－4）に応答することができるだろう。

道を横断する者を見た際に、そのもとで「道を横断する」という意図的行為として意味付けられる実践的知識を、物語文の構造を用いて分析すれば、上の図2－3のように描くことができるだろう。この図2－3が示しているのは、〈始まり〉である「こちら側にいる」ことを、「横断する」ことによって、「向こう側にいる」という〈終わり〉へと変化させることができ、「横断し」なければ「こちら側にいる」という〈始まり〉のままであるいう実践的知識のもとで他者の動作を見るからこそ、それを「横断する」という意図的行為とみなすことができるということである。

しかしながら、ダントが物語文を提示する局面と、アンスコムが「意図的行為」を分析する局面は相違している。歴史的な出来事について物語る際には、すでに〈始まり〉だけではなく、〈終わり〉もまた実現しており、その〈終わり〉から遡及的に〈始まり〉が規定されているというのが、ダントの指摘であった。それに対して、行為の最中では、〈終わり〉（向こう側にいる）は未だ実現していない。しかし、道を横切っている者の行動

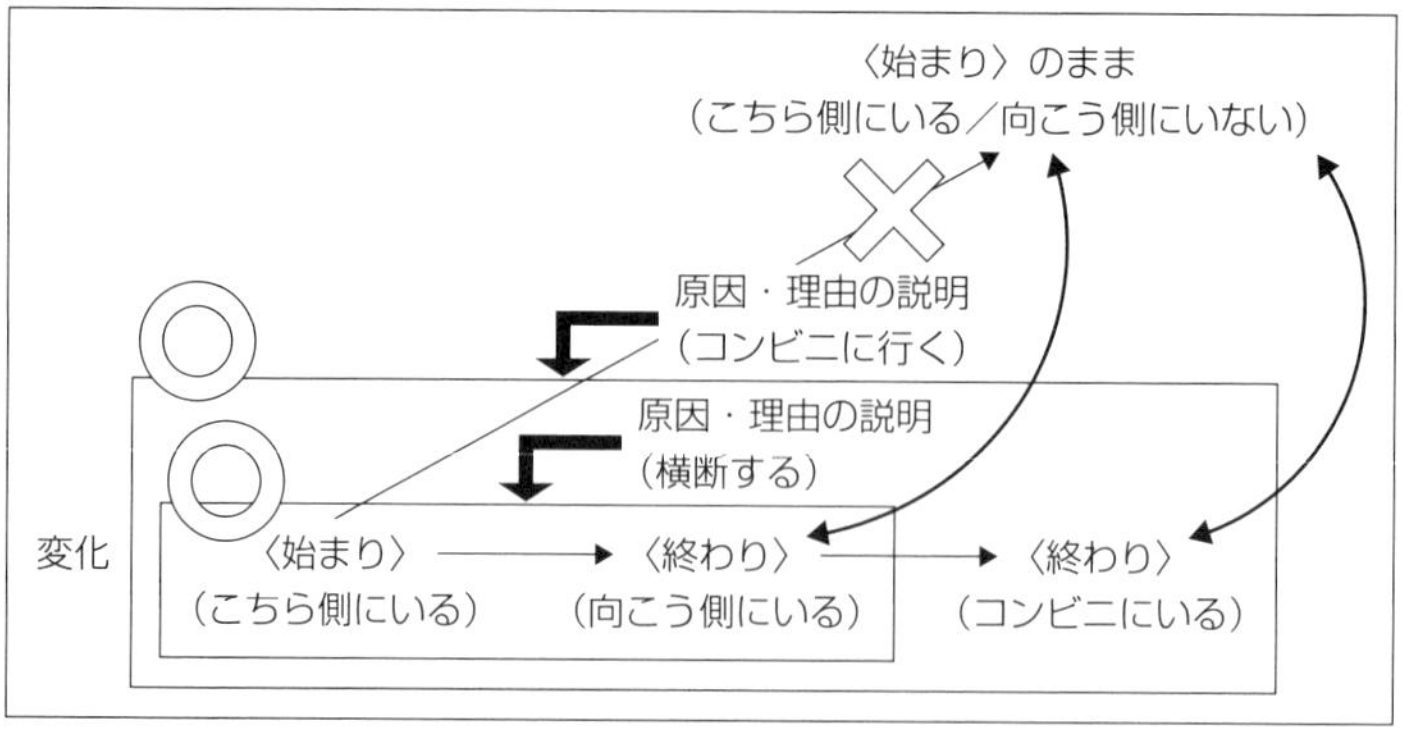

図 2-4　ある行動がそのもとで「横断する」・「コンビニに行く」として意味づけられる実践的知識を構成する物語文

を「横断する」という意図的行為とみなす場合、その後で実現されるであろう〈終わり〉（向こう側にいる）は容易に予期されうる。あるいは、その者と事前に話をし、道の向こう側にあるコンビニエンスストアに用事があることを知っていた場合、その道路を横切るという動作はただの「横断する」ではなく、「コンビニに行く」とみなされることになる。つまり、同じ動作であったとしても、その〈終わり〉によってどのような意図的行為とみなすのか、つまり「横断する」とみなすのか「コンビニに行く」とみなすのかが変わるといえる。このように、ある動作をある行為であるとみなす場合であっても、予期された〈終わり〉から〈始まり〉が遡及され、〈始まり〉→〈終わり〉という変化をその行為の意味（例えば、「横断する」、「コンビニに行く」など）とみなしている、と一応いえそうである。また、同じ動作であっても、「道を横断する」とも「コンビニに行く」ともみなすことができることは、アンスコムが**【意図の特徴④記述の多様性】**として指摘した性格、およびその多様な記述が「包み込み」にあるとした関係として理解できる。以上の考察の成果は、上の図2-4ように描くことができるだろう。

　しかし、我々がある行動をある意図的行為とみなしている場合、本当に上述したような物語文という構造を有する実践的知識において、その行為を位置づけているだろうか。というのは、物語ることが起動するためには〈始まり〉→〈終わり〉が必然的ではないこと、すなわちそのような〈終わり〉とはならない可能性を〈終わり〉とあわせて見ることがなされていなければならないとしたが、例えば、我々が道を横断する者を見た際に、そのように〈終わり〉とはならない可能性（こちら側にいる／向こう側にいない）と予期された〈終わり〉とを対比したうえで物語るということを常にしているかといえば、していないように思われるためである。つまり、実践的知識が物語文の構造を有しているというここでの洞察が正しいとしても、そのような実践的知識を構成する物語文がそうではないという可能性の否定を伴わないのはなぜかという問い（問い②-7）が問われなければならない。

（3）物語文による「誰」の解析

第2章1では、アンスコムが述べている意図の特徴を、第2章2（1）では、マッキンタイアの『美徳なき時代』での物語における「誰」の理解が、他者の意図を理解することを可能にするという洞察を確認し、第2章2（2）では、ハイデガーの世人論を参照し、マッキンタイアの議論と相互補完的に捉えることで、「誰」がいかにして規定されるのかを考察した。そして先ほどは、ダントの物語文を用いて、意図がそのもとで見て取られうる実践的知識の構造を分析したが、ここでは物語において学ばれる「誰」とはどのような構造を有しているのかという問い（問い③-2）について、同様の仕方で応答してみよう。

物語文によって「世人」としての「誰」を捉えるならば、我々が自他を「大工」として理解していることとは、〈始まり〉（例えば「建材がある」）を〈終わり〉（例えば「完成した家」）へと変化させることができる者、いわば「家を建てることができる者」として理解していることといえる。例えば、修行中で十分にその変化を引き起こすことができない者は、「大工」として未熟であり、「まだ家を建てることができない者（まだ一人前の大工ではない者）」として理解されるだろうし、あるいは怪我や加齢によって大工に必要な技量を喪失した者は、「もう家を建てることができない者（もう大工ではない者）」として理解されるだろう。以上を図示すると、次頁の図2-5となる。

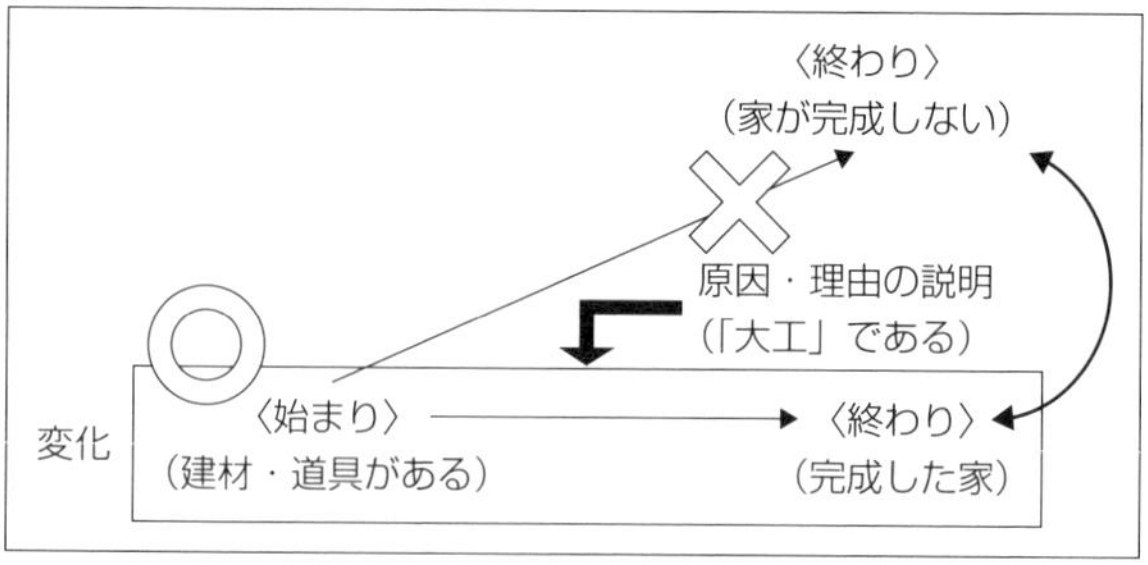

図 2-5　「大工」という意味を構成する物語文

ある者を「大工」とみなすことによって、その者の「意図」を見てとりやすくなる。例えば、一軒家を建築している工事現場でスーツ姿の男がハンマーを振り上げていたら、その意図を見て取ることはなかなか難しいだろうが、一目見て「大工」らしき者が同じ動作をしていれば、そこに「家を建てよう」という意図を見て取ることは容易であるだろう。それは、「大工」とは何かを、**図2－5**で示したように、「建材・道具がある」という〈始まり〉を「完成した家」という〈終わり〉へと変化させる者として理解し、そこから実際の行為（ハンマーで打つ）を意味付けることができるためといえる。すなわち、「誰」を理解するとは、その者を**図2－5**のような物語文の構造を有する「実践的知識」において、つまり「〈始まり〉から〈終わり〉へと変化させる者」、別言すれば、まだ実現していない〈終わり〉の実現を「意図」する者として理解することといえる。

以上のことは、ある者の行為の意図がそのもとで見て取られる「実践的知識」とは、その者が「誰」であると見なされるのかに基づいているが、実は「誰」の理解もまた物語文から構成された「実践的知識」という構造を有することを示している。つまり、ある者を「大工」として理解するということは、例えば**図2－5**で示されているような〈始まり〉から〈終わり〉への変化を起こすことができる者として理解しているということに他ならない。別言すれば、まず「大工」として理解し、その後に**図2－5**における変化を理解するという順序ではなく、「大工」であることを理解することの内に、**図2－5**で示されたような〈始まり〉から〈終わり〉への変化が一体的に組み込まれているのである。

以上の考察を踏まえて、第2章2（1）で提起された、物語において学ばれる「誰」とはどのような構造を有しているのかという問い（問い③-2）に応答するならば、「誰」もまた物語文という構造を有する『実践的知識』から構成されていると応答できるだろう（応答③-2）。とすれば、例えば「大工」がハンマーを振り上げていることは、「釘を打つために」、「釘を打って板を固定するために」などと記述することができるだろう。しかし、「大工」の一つの行為についてではなく、「大工」を「釘を打つことができる者」と言い表すのは、間違ってはいないものの、「大工」とは何かを語り足りていないような気がする。つまり、「大工」であるならばもちろん「釘を打つ」こともできるだろうが、「大工」の仕事の中には釘を打つこと以外も含まれているために、「大工」を「釘を打つことができる者」であるとすることは、「大工」の仕事を非常に短縮しているような気がしてしまうだろう。

このことは、「誰」という意味が、単一の物語文（例えば、「板を固定するために、釘を打つ」）だけによって構成されているわけではないことを示しているだろう。仮に、「大工」を「板を固定するために、釘を打つ者」としてだけ理解している者がいたとしたら、その者は「大工」を適切に理解しているといえないことになる。つまり、「大工」とは、一般に「釘を打つ者」としてだけではなく、「ノコギリで板を切る者」や「建材を運ぶ者」、「施主と交渉する者」などとしても理解されているといえるだろう。

しかし、「釘を打つ者」・「ノコギリで板を切る者」・「建材を運ぶ者」・「施主と交渉する者」などの複数の「誰」の記述はどういう関係であるのだろうか。この複数の「誰」の階層性を捉えるために、再度アンスコムがポンプを操作している男の例で指摘している**【意図の特徴④　記述の多様性】**を参照しよう。その水槽に毒が入っていることを知らない者が、このポンプを上下させている男を見た場合は、「その家に水を給水するために」という意図を読み取る、つまりその者を「給水人」とみなすだろう。それに対して、その水槽に毒が入っていることを知っている者には、同じ動作に「その家人に毒を盛るために」という意図を見いだし、その者を「暗殺者」・「殺人者」などとみなすだろう。

以上のことが示しているのは、「誰」の理解もまた、アンスコムがそれによって他の意図の「包み込み」がなされると述べた構造を有するということであろう。行為の意味付けが複数の意図によって重層的になされたように、「誰」

の理解もまた、複数の意図によって重層的になされるのであり、例えばポンプを操作している男は、「殺人者」であるとともに「給水人」でもあるといえるだろう。

以上のように、「誰」の理解の内には、多様な実践的知識が畳み込まれているといえる。そのため、例えば大工を「釘を打つ者」・「ノコギリで板を切る者」・「建材を運ぶ者」・「施主と交渉する者」などとして多様に記述することは間違っていないだろう。しかし、「大工」という意味は、以上の「包み込み」の関係における多様性だけに尽きるかというと、そうではないだろう。というのは、以上の四つの記述で大工の仕事のすべて、つまり「大工」に含まれている実践的知識のすべてを記述できたわけではないためである。大工の仕事には、それ以外にも、例えば「木材に鉋をかける」などが含まれるだろうが、この「木材に鉋をかける」ことと「釘を打つ」こととは必ずしも一方が他方を包み込むという関係になっているわけではないといえる。さらにいえば「大工」の仕事の中には、素人の筆者には思いつかないような仕事も含まれているだろう。あるいは、例えば、素人の筆者からすれば同一の「釘を打つ」という行為も、釘やトンカチの種類によって、様々に区別されるかもしれない。つまり、大工を「～する者」として記述することは、様々な種類の記述とならざるをえないが、それらすべてを記述し尽くすことは難しいといえる。さらには、実際にある者を「大工」として理解する際に、それらすべてを思い浮かべているわけではないが、それでもある者を「大工」と理解することはできてしまっている。

このように「誰」を構成する実践的知識は多様であるが、しかし無限に多様であるわけではないし、その者がする行為のすべてに及ぶわけでもない。例えば、仕事中に水を飲むこともあるだろうが、「大工」を「水を飲む者」と記述するのはちがうと思われるし、その者が魚を捌くことができ、実際にそうしたとしても、「大工」を「魚を捌く者」と理解するのは間違っているだろう。つまり、「誰」を構成する実践的知識は、ある特定の記述に収まらない程、多様でありながら、しかし限定されてもいるのである。

以上、物語において学ばれる「誰」とはどのような構造を有しているのかという問い（問い③-2）について、物語文の構造を援用することで応答してきたが、その結果、「誰」を構成する実践的知識が多様でありながら、限定されてもいるという構造をさらに究明しなければならないという課題が見いだされたといえるだろう（問い③-3）。

（4）物語文による意図的行為の解析

ここまでの考察では、まず、アンスコムの実践的知識の構造をダントの物語文を用いて解析し、それが物語文〈始まり〉→〈終わり〉から構成されていることを明らかにした。そのうえで、ある行為をどのような実践的知識のもとで理解するべきかということが、その者が「誰」であるかによって左右されるのは、「誰」の意味が物語文によって構成されているためであることが明らかになった。しかし、「誰」を構成する実践的知識が多様でありながら、限定されてもいるとすれば、以上の考察は問いを解明したというよりも、「誰」の構造はどうなっているのかという問い（問い③-3）の謎をさらに深めたようにも思われる。ここではさらに、再び意図的行為に戻り、新たな問いを提起したい。

ここまでの考察は、「誰」を構成する実践的知識が物語文という構造を有することを明らかにしたが、同時にその実践的知識が多様であり、かつ限定されていることを指摘した。ある者をそのような「誰」として理解することによって、その者の意図的行為を意味付けることができる。再び、早朝にサラリーマンらしき者が歩いているのを見て、「出勤」とみなすという例を考えてみよう。この例を、**図2-3**にならい図示すれば、上の**図2-6**のように描くことができるだろう。

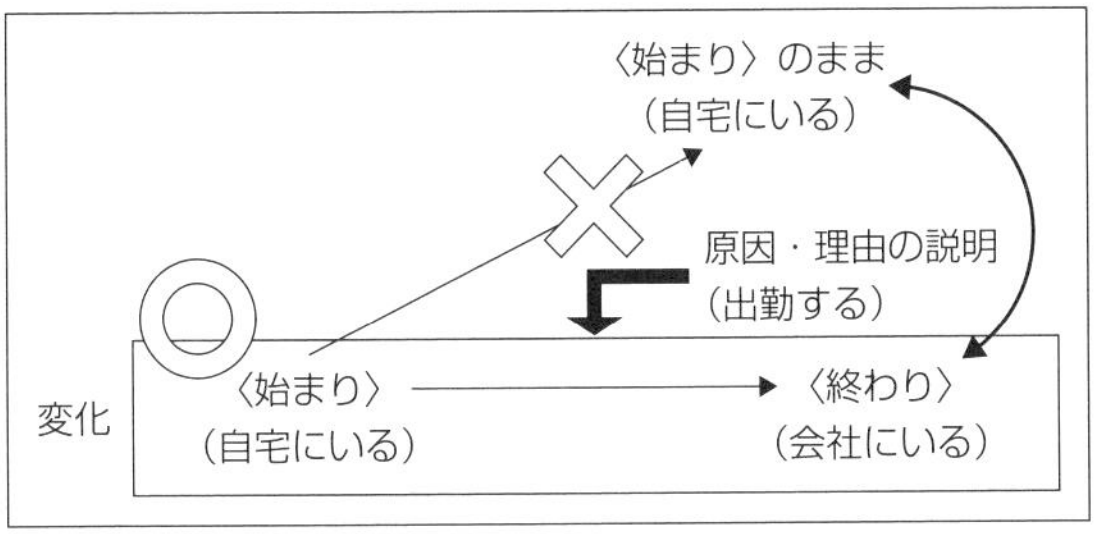

図2-6　ある行動がそのもとで「出勤（中）」とみなされる実践的知識を構成する物語文（1）

道の横断の例では、〈始まり〉はつい先ほどの出来事であり、〈終わり〉もほぼ自明といえた。つまり出発地点と到達地点も視野の中に収められており、ほぼ確定し

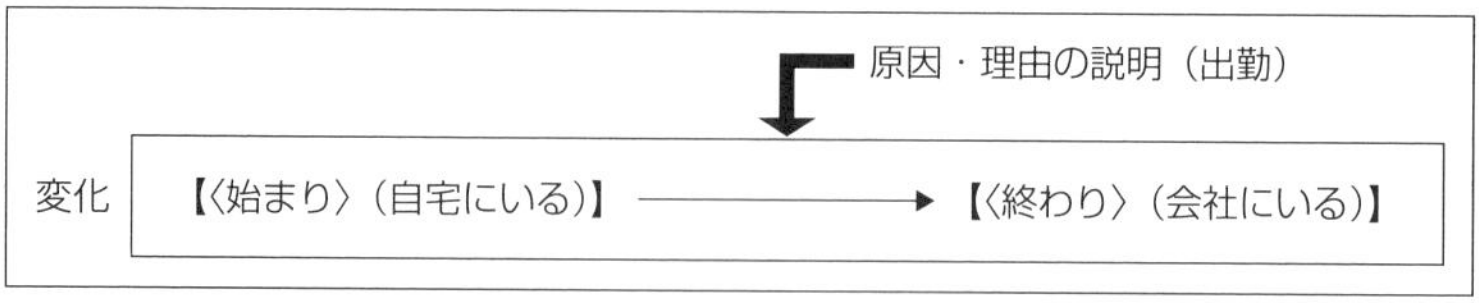

図 2-7　ある行動がそのもとで「出勤（中）」とみなされる実践的知識を構成する物語文（2）

（注）〈始まり〉と〈終わり〉が括弧【　】に入れられているのは、明確かつ主題的に意識されていないことを意味する。

ていたわけであるが、サラリーマンの出勤の例では、その者がどのような家を出発し、どの駅から乗車し、どの駅で降り、その後どの会社へと出社するのかを知らない（そもそも、その者がサラリーマンでなかったり、サラリーマンであったとしても実は夜勤明けで帰宅中であるなど、予想が全く見当違いである可能性もある）。つまり、〈始まり〉と〈終わり〉が不確定であるし、ほとんどの場合、そもそも〈始まり〉と〈終わり〉を具体的にイメージすることすらしていないであろう。さらには、この場合、我々は**図2-6**のようには、〈終わり〉とはならない可能性（家にいる）と予期された可能性（会社にいる）とを明示的に対比することもしていないだろう。

重要であるのは、このように、我々は〈終わり〉とはならない可能性と予期された可能性とを対比せず、またそもそも〈始まり〉と〈終わり〉とを具体的にイメージすることができない、つまりそのもとである行為を理解することができる実践的知識を構成する物語文〈始まり〉→〈終わり〉が不十分であるにも関わらず、早朝の電車の中でスーツ姿のサラリーマンらしき者をみた場合に、「出勤」という意図的行為の最中とみなすことができてしまっているということである。

このことは、**図2-6**がサラリーマンらしき者の行為を「出勤」という意図的行為とみなす場合の機序を適切に捉えられていない可能性を示唆しているだろう。以上を踏まえて、**図2-6**を上の**図2-7**のように修正したい。**図2-6**と比較すると、第一に、〈終わり〉とはならなかった可能性との対比を消去し、第二に、〈始まり〉と〈終わり〉を括弧【　】に入れ、具体的かつ主題的にはイメージされていない点が変更されている。また、「◎」と「×」がなくなっており、このことは、〈始まり〉から〈終わり〉への変化が、別の変化と対比されていないということを示している。

このようにサラリーマンの出勤の例では、他者であるサラリーマンらしき者の〈始まり〉（例えば、「自宅にいること」）と〈終わり〉（例えば、「会社にいること」）とを具体的にイメージすることは通常できないし、そもそもしてもいないといえるが、同様のことは、それらを具体的にイメージすることが可能な自分自身の場合であったとしても、ある程度妥当すると思われる。自分が「出勤／登校」中であるという状況を考えてみよう。「出勤／登校」中の電車の中で読書をしたりスマートフォンの画面を見ているときに、〈始まり〉である「自宅にいること」や〈終わり〉である「目的地（会社や大学）にいること」が、常に具体的にイメージされているわけではないだろう。しかしそうであるにもかかわらず、読書をしていたりスマートフォンを眺めたりしているときもそのような〈始まり〉から〈終わり〉への変化として「出勤／出校」中であるということができるのである。

「実践的知識」が不十分であるにもかかわらず、ある意図的行為とみなすことができてしまっているのはなぜかという問い（問い②-6）に対して、第2章2（1）では、その共同体が規範とする「物語」においてその者が「誰」であるかを理解しているためであると応答（応答②-6-1）した。そして、第2章2（2）では、この応答についてハイデガーの世人論を踏まえることによって、ある者の「誰」の理解とは、その者がその周囲の道具・物（者）と実際にどのように関係しているかということからなされるとした（応答②-6-2）。しかし、いまだ問いは根本的な解決には至っていないというべきだろう。というのは、「誰」を理解したからといって、そこから開かれる「実践的知識」（例えば、それを構成している〈始まり〉としての「自宅にいること」と〈終わり〉としての「会社にいること」）が不十分であるにもかかわらず、その者の意図的行為をいかにして意味付けることができるのか、ということは、解明されていないためである。

また、次の問いにも言及しておこう。第2章1（2）において、「意図的」であることの慣習的・言語的な意味がどのように習得されたのかという問い（問い②-2）は、慣習的・言語的である実践的知識はいかにして形成されたのかという問い（問い②-5）へと発展的に解消されていた。本節における、そのもとで意図的行為が意味付けられる実践的知識が物語文〈始まり〉→〈終わり〉から構成されているという洞察を踏まえることによって、慣習的・言語的である実践的知識はいかにして形成されたのかという問い（問い②-5）はさらに、実践的知識を構成する物語文〈始まり〉→〈終わり〉がどのように習得されたのかという問い（問い②-8）へと展開したということができる。

4　物語ることは「距離を空ける」ことによって可能となる

第1章2では、トマセロの考察を参照し、意味を教える際に「共同注意」の成立が重要であることを示した。そして第1章3では、それを可能にする働きとして、ヨナスの洞察を踏まえ「距離を空ける」という働きを提示したが、しかしこの「距離を空ける」という働きだけでは、「共同注意」の成立要件を満たせないことも同時に確認された。そこで、第2章1では、アンスコムの「意図的行為」の分析を参照し、第2章2と3では、さらにそのもとで「意図」を見て取ることが可能となる「実践的知識」や「誰」の構造を、マッキンタイアの物語論、ハイデガーの世人論、ダントの物語文の構造を用いて分析してきたのであった。

本節では、以上の成果を、「距離を空ける」ことから捉え直すことを試みる。まずは、物語ることが「距離を空ける」ことによって可能となることを示す（第2章4（1））。そのうえで、「共同注意」がいかにして成立するのかを示そう（第2章4（2））。最後に、第2章で論じられていない問題を以後で解明すべき課題として確認する（第2章4（3））。

（1）　物語ることを可能にする「距離を空ける」こと

先ほどはダントの物語文に注目し、そのもとで「意図」を見て取ることが可能になる「実践的知識」や「誰」の意味が物語文から構成されていること、つまり〈始まり〉↓〈終わり〉によって構成されていることを明らかにした。本章の最後に、このような〈始まり〉↓〈終わり〉という構造を有する物語ることが、第1章で仮説的に提示した、ヒトとそれ以外の霊長類の根本的な区別としての「距離を空ける」ことによって可能となることを示したい。

物語ることとは、〈終わり〉に着目し、〈始まり〉からのその〈終わり〉への変化を説明することである「物語文」によって構成されていた。例えば、ダントのバンパーの例（「事故にあったので、バンパーがへこんだ」）では、「バンパーがへこんでいる」という〈終わり〉に着目するだけではなく、その〈終わり〉を「バンパーがへこんでいない」という〈始まり〉との対比において捉え、その変化の理由を物語ることがなされていた。このことが可能であるためには、ただ目の前の〈終わり〉（例えば、「バンパーがへこんでいる」）に注目するだけでは不十分であり、また、ただ〈始まり〉（例えば、「バンパーがへこんでいない」）を思い出すだけでも不十分である。そうではなく、目の前の〈終わり〉に着目したままで、しかしそれに没頭するのではなく、そこから「距離を空け」、いわばその〈終わり〉を保持したままで〈始まり〉を想起し、その〈始まり〉と〈終わり〉とを比較することができなければならない。

第1章3（1）では、ヨナスがヒトと同様の知性を持っていることを見分けるための試金石として挙げた「絵を描くこと」を可能にする「距離を空ける」という働きとは、例えば目の前の花をキャンバスに描くという場面では、「目の前の花」から距離を空け、「キャンバス」にも注意を向ける、あるいは描く途中では、集中していた「キャンバス」から距離を空け、「目の前の花」へと目を向けることで、「キャンバスに描かれた花」と『目の前の花」とを比較することを可能にする働きであるとした。

このような画家が絵を描く例と、バンパーの例を比較してみよう。画家が絵を描く例では、「花」も「キャンバス」も目の前に存在していたのに対して、バンパーの例では、「バンパーがへこんでいる」という〈終わり〉は目の前に存在しているが、「バンパーがへこんでいない」という〈始まり〉はすでに存在しない過去の状態である、といえる。しかしながら、ある「x についての絵」を描く際に、その「x」が目の前にある必要が必ずしもないように、あるいはあるものを「xについての絵」として理解する際に、その「x」が目の前にある必要がないように、比較する一方が目の前にあることは絵を描くことにとって必須の条件ではないだろう。

さらに目の前にない「xについての絵」(例えば、「モナリザ」)を想起する場面では、その「絵(例えば、「モナリザの絵」)」も「x(例えば、モナリザ本人)」も目の前にある必要はなく、さらに、歴史的な事象(例えば、「明治維新」)について物語る際に典型的なように、〈終わり〉(例えば、「明治政府の成立」)も〈始まり〉(例えば、「江戸幕府が存在していたこと」)も目の前にある必要はない。

以上のことは、目の前にあるかないかということは、「絵を描くこと」と「物語ること」との分水嶺とはならないことを示している。むしろ、ヒトが備えている過去の出来事を保持する力(記憶力)、目の前の事象を感覚する力(感覚)、これから起こることを予期する力(想像力)について、その力によって想起/感覚/想像されたこと「から距離を空ける」ことができることによって、「絵を描くこと」も「物語ること」も可能となるといえる。[10]

チンパンジーに限らず、ある程度高度な知性を有する他の動物も、飼い主やエサの隠し場所を覚えるといった記憶力を有しているといえる。あるいは、第1章1(3)で指摘したように、チンパンジーもこれから必要となる道具を製作することができるとすれば、これから何が起きるのかを予期する力を有するといえるだろう。しかし、チンパンジーにはその記憶や予期された内容から「距離を空ける」ことができないのである。それに対して、ヒトのみがそれらから「距離を空ける」ことができ、それゆえに物語ることができるのである。

(2) 物語文から構成された実践的知識による「共同注意」の解析

第2章1で提起した「意図」とはどのような構造を有し、他者・道具の「意図」を見て取ることはどのようにして可能となっているのかという問い(問い②-1)については、第2章1(1)におけるアンスコムの分析によって、さらにそこから展開した、実践的知識の内的構造とそれによる実際の意図的行為の指定のありようについての問い(問い②－4）については、第2章3（2）において実践的知識の物語文による分析によって応答（応答②－4－1）した。

以上を踏まえて、再度トマセロが指摘する「共同注意」がいかに成立するのかを考えてみよう。子どもと歩いている親が、道端の花を指差し、「きれいだね」と言い、子どもの「何て名前？」という発話に対して「銀木犀だよ」と答えるという場面で、「銀木犀」であることを教えることが成功するのは、「子ども」がその「花」について注意をしつつその「花」から「距離を空け」て、「親（の発言）」についても注意を向けているときであろう。再度図1－1（25頁）を参照して頂きたい。

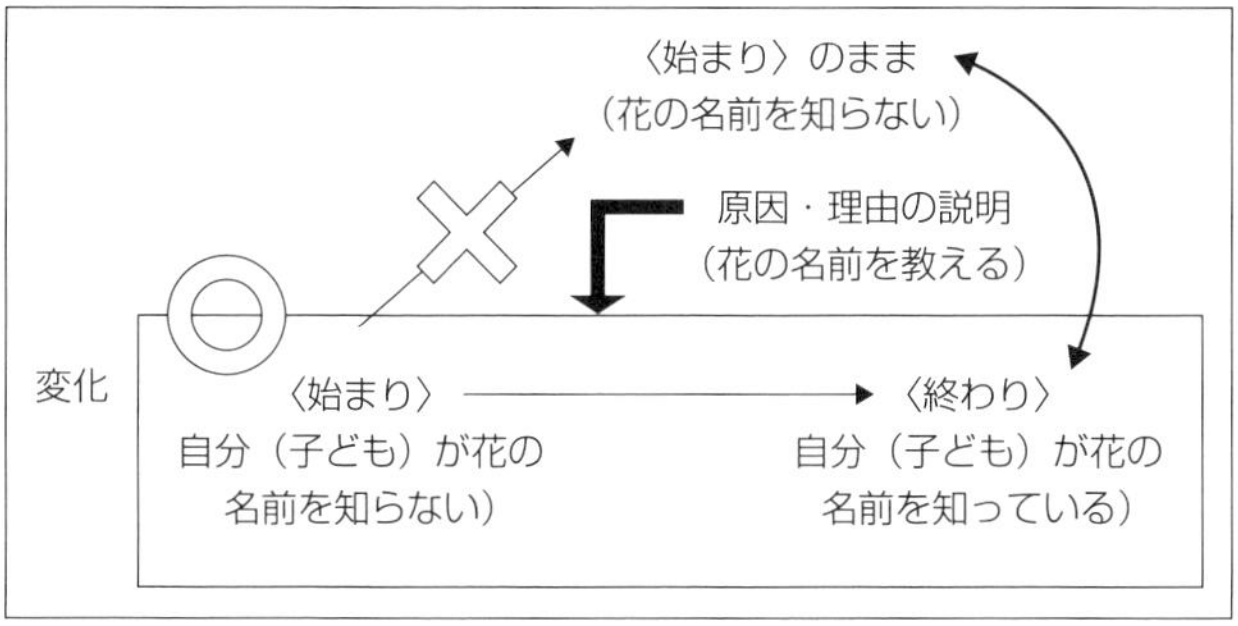

図2-8　ある行動がそのもとで「花の名前を教える」として意味付けられる実践的知識を構成する物語文（1）

このときに教示が上手くいくためには、子どもは親の発言が「自分にその花の名前を教えよう」という意図のもとでなされたことを理解している必要がある。別言すれば〈始まり〉（「自分（子ども）」が花の名前を知らない）から〈終わり〉（「自分（子ども）」が花の名前を知っている）への変化という物語文から構成された実践的知識のもとで、その発言を理解している必要がある。というのは、子どもの身近でなされた発言であっても、自分と関係のない大人同士の世間話とみなされた場合は、「銀木犀」という名前を教えることは成功しないと思われるためである。このことを図示すれば、上の図2－8となる。

親が「銀木犀だよ」と発言したのは、その発言によって〈始まり〉（「子ども」が花の名前を知らない）から〈終わり〉（「子ども」が花の名前を知っている）への変化をひき起こすことができるという物語文から構成された実践的知識を有しているためであるが、子どももまた「親」が〈始まり〉（「自分（子ども）」が花の名前を知らない）から〈終わり〉（「自分（子ども）」が花の名前を知っている）への変化という物語文から構成された実践的知識のもとでその発言を理解しているのであ

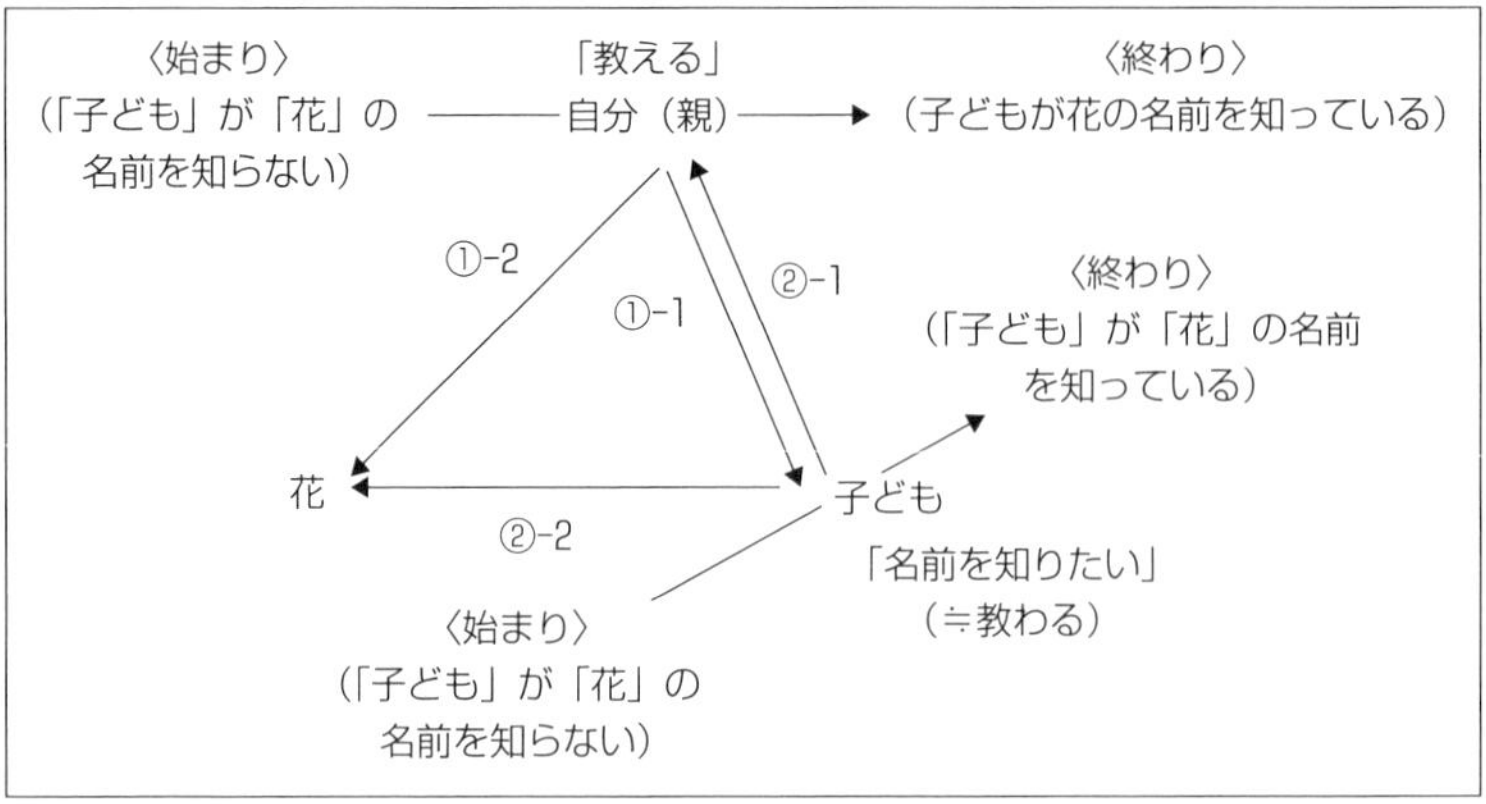

図2-9　ある行動がそのもとで「花の名前を教える」として意味付けられる実践的知識を構成する物語文（2）（親目線）

る。そのような実践的知識の内に、自分（子ども）と花への注意が含まれていることによって、子どもは「親」がその花だけではなく、「自分（子ども）」にも注意を向けていることを知っているのである。

さらに重要であるのは、親もまた子どもがそのような物語文から構成された実践的知識からなる意図を有していること、それゆえ花だけではなく自分（親）にも注意を向けていることを知っているということである。もし仮に、別のものへ注意を向けていたりすれば、花に注意を向けるように促すか、あるいは「銀木犀だよ」と名指すことを止めるだろう。この例では「何て名前?」という子どもの発言によって、親は「子ども」がその花の名前を知らないことと、だからこそ自分（親）からその名前を教えてほしいと思っていることを知るのである。

図1-1と**図2-8**をやや無理矢理一つの図にまとめれば、上の**図2-9**のようになるだろう。親は子どもの「何て名前?」という質問によって、子どもがその花の名前を知るという意図〈始まり〉（子どもが花の名前を知らない）から〈終わり〉（子どもが花の名前を知っている）への変化への志向）を有していることを知っている。注意したいのは、この子どもの意図の内には「花」への注意（矢印②-2）だけではなく、「自分（親）」への注意（矢印②-1）が含まれているということである。いわばこのとき、子どもは「教わる者」として親に対して現れているのであり、だからこそ「銀木犀だよ」という発言は、子どもに〈始まり〉（子どもが花の

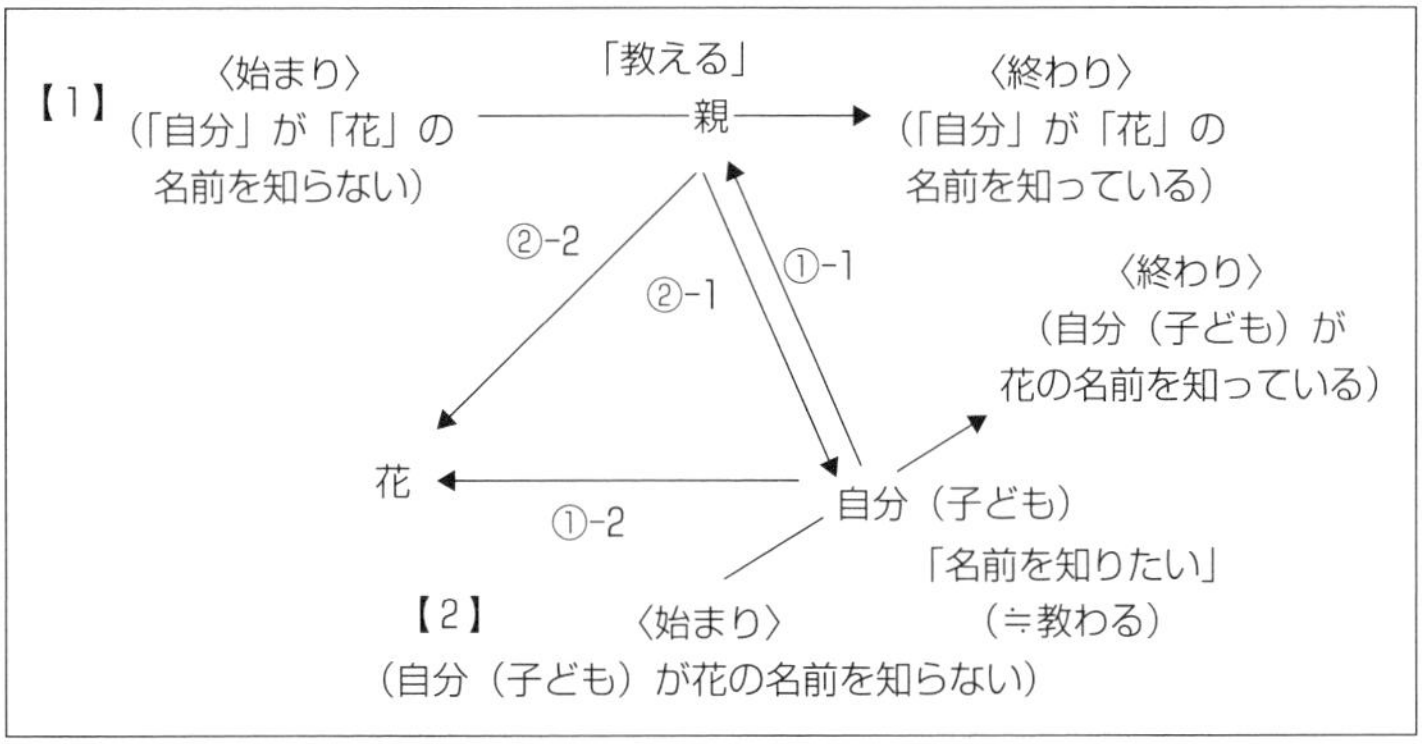

図 2-10　ある行動がそのもとで「花の名前を教える」として意味付けられる実践的知識を構成する物語文（3）（子ども目線）

名前を知らない）から〈終わり〉（子どもが花の名前を知っている）への変化をひき起こすことができるのである。親はそうした「教わる者」に対して、「銀木犀だよ」という発言をしたことになる。

同様の事態を子ども目線で描くと上の**図2-10**となる。子どもが、親の「銀木犀だよ」という発言を自分に教えるための発言であると理解できるためには、自分が【2】〈始まり〉（「自分（子ども）」が花の名前を知らない）から〈終わり〉（「自分（子ども）」が花の名前を知っている）への変化を志向し、そしてそのことを親が知っているために、親の発言が【1】〈始まり〉（子どもが花の名前を知らない）から〈終わり〉（子どもが花の名前を知っている）への変化をひき起こすためになされたことを理解している必要がある。このような理解が成立していることによって、親の発言は独り言ではなく、「教えるために」なされたと理解されるのであり、その時いわば親は子どもに対して「教える者」として現れているといえる。

以上の考察を踏まえると、「共同注意」において、子どもが親が「自分（子ども）」と「花」とへ注意を向けていることがわかっていなければならないことを示した**図1-1**は、決定的に不十分であったことがわかる。**図1-1**の中に描かれていないのは、第一に、子どもが親を「教える者」として理解していること、つまり**図2-9**、**図2-10**のように、親に対してその「花」について無知の〈始まり〉から既知の〈終わり〉へと「自分」を変化させようとする意図を見てとっていることである。第二に、親が子どもを「教わる者」として理解していること、いわばその「花」について無知の〈始まり〉から既知の〈終わり〉へと「自分」を変化させようとしていることである(11)。

(3)〈他者〉はいかにして成立するのか

本書のここまでの考察は、図2－8のすべての矢印の説明したのだろうか。否である。というのは、まだ、「実践的知識」が不十分であるにもかかわらず、ある意図的行為とみなすことができてしまっているのはなぜかという問い(問い②-6)と、「誰」を構成する実践的知識が多様でありながら、限定されてもいることについての問い(問い③-3)が応答されていないために、物語文によって構成された「実践的知識」と「誰」との全容が解明されていないためである。この点については、第3章において意味一般の構造についての「意味の問い」(問い④)に応答することで回答したい。

さらに問われなければならないのは、そのような「意図」を見てとる他者とそれ以外のものとの違いについてである(問い⑤)。つまり、我々はサラリーマンらしき男の意図を見てとっているのに対して、路傍の石に対してはその意図を見てとっていないが、その違いはどのように生じるのか、ということである。この問題を別の角度から照明すれば、他者の意図を見てとることと、そのものの次の動きを予想することの相違とは何か、という問いとなる。例えば、風に舞う木の葉を見て、数秒後の行き先を予想することと、早朝にサラリーマンらしき男を見て、この後会社に行くだろうと予想することとの違いは何であるのだろうか。サラリーマンらしき男に対しては、我々はその「意図」を見てとることによって、その後会社に行くだろうと予想するのであったが、木の葉に対してはその「意図」を読み取っているわけではないだろう。

注

（1）アンスコムの『インテンション』の議論については、先行研究として、以下を参照した。野矢 一九九九；竹内 二〇二一；山口 二〇一一；山口 二〇一八。

（2）『インテンション』を参照する際は、原著ページ数：翻訳ページ数だけではなく、節番号をともに記す。

（3）マッキンタイアもまた「意図、信念、舞台に先立ち、かつそれらとは独立に同定される「行動」といったようなものは存在しない」（MacIntyre 2007（1981）, 241: 二五四）と指摘している。

（4）ハイデガーは『存在と時間』期において、「存在論的差異」あるいは「存在と存在者との区別」を見いだし、存在者との出会いに対する存在の了解の先行性を指摘し、そのような次元を「実存論的」・「存在論的」・「超越論的」と形容していた（木村 二〇一五）。実際の経験のあり方を先行的に規定するという点で「実践的知識」は、『存在と時間』期のハイデガーが、「実存論的」・「存在論的」・「超越論的」と呼んだ次元にあるといえる。

（5）レーヴィットも「人間的な個体が「ペルソナ」という存在のしかたを有する個体であり、本質的に、共に在る世界に由来する一定の「役割」をおびて現実存在している」（レーヴィット 二〇〇八、一六）と述べている。

（6）このような物語がいかに成立したのかについては、アーレントの『人間の条件』の指摘が参考になるだろう。アーレントは「活動し語る人々は、最高の能力を持つ制作人の助力、すなわち芸術家、詩人、歴史編纂者、記念碑建設者、物語作家（storyteller）の助力を必要とする」（Arendt 1958, 173: 二九七）、あるいは「結局、物語とは活動が必ず生み出す結果であるとしても、物語を受け取り、それを「作る」のは活動者ではなく、物語作家である」（Arendt 1958, 192: 三四四）と述べている。アーレントによれば活動や言論が物語となるのは、物語を「作る」のは物語作家によってである。そのうえで、「［…］その［活動の］意味が完全に明らかになるのは、その活動が終わったときにのみである。製作の場合、完成品を判断する光は、職人の眼が前もって受け取っているイメージやモデルによって与えられている。これと対照的に、活動の過程、したがって歴史的過程全体を照らす光は、ようやくその過程が終わったときにのみ現れ、場合によっては、参加者全員が死んだあとで現れる。活動が完全にその姿を現すのは、物語作者に対して、すなわち歴史家（historian）の過去を眺める視線に対してのみである」（Arendt 1958, 192: 三四四）とする。すなわち、活動の意味は、物語作者である歴史家が過去を眺めるときのみ、すなわち「物化されたもの」としての物語の中に位置づけるときにようやく明らかになる。

（7）例えば、コロナ禍が始まった当時、大学に入学したにもかかわらず、自宅でオンライン授業を受けるだけであった学生たちからは、「大学生（○○大学の学生）になったような気がしない」という感想が聞かれたが、このことの理由の一つは大学のキャンパスに来て、教室で授業を受けるということ、すなわち大学の建物や教室の中で友人や教員と関わることが、自分が「○○大学の学生」であるという理解を形成するために必要であることを示しているだろう。

（8）このことは、ある者を当初は「教師」とみなしていたとしても、様々な場面でその者に「教師」として必要な知識や能力が不足していることを知ることによって、その者を「教師」としてみなすことが困難になるという事態を説明するだろう。このようなことは、最初「教師」とみなすことによって開かれていた「実践的知識」（例えば、当該の学問について専門的な知識を持っており、講義の内容について質問されたら応答できる、など）が、実際に講義を受けたり質問への応答を経験することによって、否定されることによって起こると考えられる。

（9）この説明はやや不正確なものである。〈始まり〉→〈終わり〉に変化がなくとも、その変化のないことが必然的でない場合、物語文が要請されることがある。例えば、「雨が降ってきたが、傘を持っていたので、濡れなかった」という物語文は、〈始まり〉（濡れていない）→〈終わり〉（濡れていない）という構造となっているが、「雨が降ってきた」ことによって、何もしなければ濡れてしまうという可能性との対比において、物語ることが起動しているといえる。

（10）記憶されたことについて「距離を空ける」ことができない場合、ＰＴＳＤ（心的外傷後ストレス障害）の患者のフラッシュバックのように、現実と同じように感覚されるだろう。それに対して、我々が何かを想起する際には、あくまでその思い出された事柄から「距離が空けられ」ているからこそ、それを「思い出す」ことができているといえる。

（11）花の名前を教える例では、子どもが「何て名前？」と尋ねたことが、花と自分（親）へと注意を向けており、その「花」について無知の〈始まり〉から既知の〈終わり〉へと「自分」の変化を志向していることを知らせていたが、このようなやり取りはやや不自然であったかもしれない。というのは、花の名前を教える例において、仮に子どもから「何て名前？」という問いがなく、例えば（親）「きれいだね」、（子ども）「うん」、（親）「銀木犀だよ」という会話であったとしても、その花の名前が銀木犀であるという学びは成功しそうであるように思われるためである。つまり、「何て名前？」という子どもの発言は、子どもの内に無知の

〈始まり〉から既知の〈終わり〉への変化への志向があることを親に知らせるものであったが、それがなくても、さらにいえば、子どもにそのような目の前の花の名前を知りたいという志向がなく、ただ「きれい」と感じていただけであったとしても、「銀木犀だよ」という発言がなされた場合、結果として教えることが成立し、子どもは親の発言に事後的にではあるが「教える」という意図を見出すように思われる。

本書第4章で考察されるような教室で教師が生徒に教えるという場面では、教師が「教える」という意図を持っているだけではなく、生徒も「教わる」という意図を有しているといえるが、その対象について共同注意が成立し、「無知」から「既知」への変化が起こるのであれば、「教わる」という意図を有していなくても「教える」ことが成立する場合は考えられるといえる。

やや不自然であるが、次のような場面を考えてみよう。それは、電車の中で自分のスマートフォンでマニアックなキャラクターを見ているときに、隣に立っている見知らぬ者もその画面を眺めていることに気がつき、気が付いたことにお互いが気づいたという場面で、私がそのキャラクターの名前を隣の者に聞こえる音量で口にした、という場面である。この場面では、自分の発言を「ただそのキャラクターの名前を呼んだ」と解することは難しく、「そのキャラクターの名前を隣の者に教えよう」という意図的行為とみなさざるをえないといえる。また隣の者にとっても、その発言は（なぜ教えようとしているのかはわからないものの）「そのキャラクターの名前を教えよう」という意図のもとでなされたと受け取らざるをえないのではないか。

このキャラクターの名前を教える例は想定可能であり、原理的にあり得ない状況というわけではないが、しかし極めて珍しい場面といえる。というのは、我々は普段相手が「誰」であるのかわからない相手と「共同注意」を成立させて、「教える」ことをほとんどしていないためである。「教える」ことがなされるのは、ほとんど、相手が「誰」であるのかがわかっており、その相手が「教わる」という意図を有しているという状況において、例えば「親」と「子」であったり、「教師」と「生徒」である場合であるといえる。それゆえ、先ほどのキャラクターの名前を教えるという例は、きわめて不自然であり、マニアックなキャラクターが映っている自分の携帯電話がのぞき込まれていることに気づいても、普通は、その名前を教える（その名前を声に出して言う）ことをしないのである。

第3章　「二重の否定」の体系としての意味の習得

ここまでの議論では、トマセロの他者の「意図」を理解できることこそが、ヒトをヒト以外の霊長類から区別する能力であるという指摘を起点に、意図を理解することはいかにして可能となるのかを検討した。そのために、マッキンタイアのある者の行為の意図を理解するためには、その者がその物語においてどのような「役柄」にあるのかを理解していなければならないという指摘を確認したうえで、ダントの物語文の構造を用いて、物語や役柄の構造を分析したのであった。第2章の考察の結果、ある行為の意味を理解し、その者の意図を理解することとは、その者のしていることを物語文〈始まり〉→〈終わり〉から構成される実践的知識において理解することであることが判明したが、しかし我々はほとんどの場合、他者の〈始まり〉も〈終わり〉も、そしてその「変化」の過程についても具体的には知りえず、思い描くこともないにもかかわらず、他者の意図を理解できてしまっているのはなぜかということが問い（**問い②-6**）として提示された。さらには、「誰」を構成する実践的知識が多様でありながら、限定されてもいるとすれば、その構造はどうなっているのかという問い（**問い③-3**）が提起された。この二つの問いに応答するために、本章では、意味一般の構造とは何かという問い（**問い④**）にとりかかりたい。

第1章では、色を見て図形文字を選ぶことを訓練し、それができるようになったチンパンジーでも、反対に、出された図形文字から色を選ぶことはできないという**［チンパンジーの非能力6］**についての松沢の報告を確認した（松沢 二〇一一、一六四以下：今井・野島 二〇〇三、六七以下）。そして、ヒトであれば、赤い色のカードと「赤」という文字の関係を理解した場合、反対に、「赤」という文字を見て、赤色のカードを選ぶことができるが、チンパンジーの場合、それができないのはなぜかという問い（問い④-1）を提起した。この報告が興味深いのは、我々の意味や語に対する先入見をはからずも露呈している点である。例えば我々は、机という物と辞書に書かれた「机」という意味が対応している、と考えがちである。第3章では、本書のここまでの考察を引き継ぎながら、上記のような意味や語に対する先入見を解体していくことで、意味や語の習得とは、あるものを見て、その名前を知る、というような単純なプロセスではないことを明らかにする。

本章1では、認知言語学の知見を参照しながら、ある意味が「「その意味ではない意味」ではない意味」という仕方で、「二重の否定」において成立していることを示す。その成果を踏まえて、2では、はじめは規範的な意味からずれた仕方で理解されていた意味が、〈他者〉の「否定」によって規範的な意味へと形成されていくこと、そして物の意味やそのもとで意図が理解可能となる実践的知識もまた「二重の否定」によって囲まれていることを示す。

1　「二重の否定」の体系としての意味

本節の目的の一つは、チンパンジーへの実験でいみじくも明らかになった、意味と語についての一般的な思い込みを解体することである。そのためにまず、ある語の意味がそれだけで成立するのではなく、体系において成立するということを、主に認知言語学の知見を参照しつつ確認する（第3章1（1））。続いて、そのような体系としての意味は「二重の否定」によって規定されていることを明らかにする（第3章1（2））。第3章1（3）と（4）、（5）では、意味は「二重の否定」の体系において規定されているだけではなく、第2章で検討した「物語文」という動的な構造を有することを、他者の行為の意味と「誰」の意味、そして最後に、道具の意味を順次検討することで裏付ける。

（1）体系としての意味

意味の習得について考察するための手掛かりとして、認知言語学の知見を参照したい[1]。認知言語学の知見によれば、連続的な色の空間や行為をいくつのカテゴリーでどこで分けるのかということは、それぞれの言語によって異なるために、色の名前や行為の学習とは、連続した色や行為を自分の言語がどのように区切っているかを学習することであるとされる。例えば、一見したところ、色鉛筆に入っているような「赤」「青」「黄」などの色がまずあり、子どもはそれを覚えていく、と我々は考えがちであるだろう。しかしながら、今井らが指摘するのは、「赤」「青」「黄」……という色の区分が、そもそもそれ自体としてあるのではなく、それらは文化によって恣意的に区切られており、子どもはその文化において区切られた色名を学んでいくということである。例えば、今井は日本語と英語の色の区分は比較的重なっているが、英語の「yellow」は実は日本語の「黄色」とは厳密には重ならず、日本語であれば「茶色」に区分される色まで含まれると報告している。また、日本語は比較的豊かで繊細な色名を有しているが、色については「明るい」「暗い」という区分しかない言語もあるようである。

また例えば、日本語では足を使っての移動のあり方を「歩く」と「走る」に区分し、それ以上詳細な区分は、「ゆっくり歩く」「トボトボと歩く」「千鳥足で歩く」などのように「歩く」という動詞を修飾することで表現している。それに対して、英語では、一般的な「walk」だけではなく、「wander（歩き回る、さまよう）」、「ramble（ぶらぶら歩く）」、「stumble（ふらふら歩く）」など別の動詞を用いて区分している。あるいは、日本語の「持つ」、英語の「hold」という動作を、中国語では、頭で支える、肩で支える、両腕で抱える、肩から下げるなどとかなり細かく分けている（今井 二〇一〇、四六）。

これらのことは、我々はもともと「赤」という語で指示される色や「歩く」という行為の意味を知っていて、その色の名前を覚えるのではなく、「赤」や「歩く」という語を学習すること、つまり「赤」を「青」や「黄」「緑」などの他の色と適切に区別することができるようになること、「歩く」を「走る」などの他の行為と適切に区別することができるようになることを通じて、「赤」や「走る」という意味を見いだしていくということを示している（今井 二〇一〇、一一四以下；今井 二〇一三、一〇四以下；今井 二〇一六、八四；今井・野島 二〇〇三、一三一以下）。それゆえ、今井によれば、「言葉の意味を知る」とは、例えば和英辞典に書かれているような言葉と言葉の結びつきを覚えることではなく、意味の「体系」の中で、一つ一つの言葉が指し示す範囲とその境界を知ることである（今井 二〇一三、一四九以下；今井 二〇一六、五二）。つまり、「walk」を本当に理解するためには、和英辞典を開いて、「歩く」が「walk」で置き代えられるということを覚えるだけでは不十分であり、「walk」を「wander」、「ramble」、「stumble」などの語との関係の中で理解しなければならない。

以上のように、色や動作などの明確な区分がないものについての意味の区分は、言語間／文化間で大きな相違がある場合があるといえるが、そのものとそれ以外のものとが明確に区別される物の言語的な区分については、異なった言語間でもおおよそ共通する傾向があると、今井は指摘している。しかしだからといって、物の区分がそれ自体あるとはいえない。今井は印象的な例をいくつか紹介しているが、その中でも印象深い例を紹介したい。それは「アヒル」という語を、お風呂に浮かんでいるアヒルのオモチャにのみ使用し、そのオモチャがお風呂以外の場所にあるときや、本物の生きたアヒルには使用しなかったという子どもの例である。つまり、その子どもは生きたアヒルを「アヒル」と認めないだけではなく、我々であれば「アヒルのオモチャ」と「お風呂」とを区別して理解するところを、「アヒル」という一つの意味で理解してしまっているといえる(2)。このアヒルのオモチャを誤解した例は、大人にとっては自明であるような物と物との区分もまた実は自明ではなく、学ばれる必要があることを示しているだろう。

（2）意味の体系は「二重の否定」によって規定される

先ほど意味は「体系」において成立していることを確認したが、このことは、第1章2（2）におけるクワインのアポリアに対するトマセロの応答の不十分性を明らかにするだろう。目の前にウサギが現れたという事態に対する発言であったとしても、その発言が何を指示しているかということは多様に解釈可能であり、厳密な翻訳は不可能であるため、翻訳は必然的に不確定性を帯びるというクワインのアポリアに対して、トマセロはその発言が「共同注意」においてなされているならば、その解釈は多様なものとならないと指摘したのであった（応答④-2）。

しかし、意味は体系において成立し、そして体系は一度の名指しでは成立しえないとすれば、目の前のものに対して「共同注意」が成立していたとしても、誤解の余地がある。というのは、第3章1（1）で参照したアヒルのオモチャの例のように、アヒルのオモチャについての共同注意が成立していても、「アヒル」という語がそのオモチャだけを指すのか、それともお風呂に浮かんでいるオモチャを指すのかなどは限定されていないためである。そのため、第1章2（3）では、誤解された意味の理解が、その共同体において規範的な意味へといかにして修正されていくのかという問い（問い④-3）が提起されたのであった。

本書のここまでの成果を基に、クワインのアポリアを再検討してみよう。目の前に現れたウサギについての共同注意が成立していたとしても、その民族でどのように物事を区切って名指しを行っているのかがわからなければ、「Gavagai」がそのウサギだけを指しているのかはわからない。さらに、「Gavagai」がそのウサギだけを指すことが判明したとしても、語の意味は体系の中で理解されているがゆえに、その言語の中で生物をどのように区分するのかということを理解しなければ、本当に日本語における「ウサギ」と「Gavagai」とが一致するかということは確定しないことになる。というのは、例えばその民族の言葉では日本語での「ウサギ」と「アヒル」が同じ「Gavagai」で名指されているかもしれないためである。

それでは、意味のずれが生じたときに、そのずれはどのように自覚され修正されていくのだろうか。次の例を確認してみよう。それは、単身赴任で会うことがない父親の写真を見せて、「お父さん」と教えたところ、「写真」全般を「お父さん」と呼ぶようになり、本物の父親を「お父さん」と呼ばなかったという子どもの例である（岩淵ほか 一九六八、一九五）。この写真のお父さんの例において、子ども当人や周囲の大人がこの誤解に気づくことができるのは、どのような状況だろうか。父親の写った写真を見てその子どもが「お父さん」と言う際には、解釈の誤りは気づかれず、理解されている意味も「否定」されない。そうではなく、大人が別の写真について別の名指し（例えば、「おじいちゃんだよ」）をしたり、実際の父親に対して「お父さんだよ」と呼びかけたときや、その子どもが実際の父親を「お父さん」と呼ばないときに、その子どもの解釈の誤りは露見しうるのであり、それまでの理解が「否定」され、更新される機会が訪れるのである。(3)

以上の考察は、先ほど判明した、意味は「体系」として成立するという洞察を、さらに具体化するものであるといえる。すなわち、意味の体系とは、そのつどの理解が「否定」されることによって徐々に形成されていくような「二重の否定」の体系であり、ある意味はその「二重の否定」の体系において他の意味との「二重の否定」によって成立するといえる。写真のお父さんの例では、まず写真全般を「お父さん」と理解していることが否定されなければならないが、しかし「お父さん」という語を本当に理解したと言えるためには、その語が写真などの物ではなく、人に当てはまる名前であり、さらには家族の中でも母親や祖父・祖母、兄弟姉妹には当てはまらず、父親だけに当てはまること、さらには自分の父親だけではなく、他の家族の父親にも当てはまること、さらには再婚した場合には、一人の子どもに対して複数の者が「お父さん」と呼ばれうることなどが理解されなければならないだろう。つまり、「お父さん」という意味は、「お父さん」それ自体だけでは規定されずに、「「お母さん」ではない者」「「おじいちゃん」「おばあちゃん」「センセイ」……ではない者」という仕方で、つまり「「お父さんではない者」ではない者」という仕方で、すなわち「二重の否定」において成立するといえる。

いま提起された意味についての考察は、「意味が「体系」において成立する」と言った場合の素朴な理解を、捉え直すように促すものである。我々は往々にしてある意味（例えば、「お父さん」「お母さん」「おばあちゃん」「センセイ」）はそれぞれで成立し、それらが集合することによって「体系」を形づくっていると考えがちであるが、そのような捉え方は逆転されるべきである。すなわち、多様な「二重の否定」からなる「体系」において、ある特定の意味はそれ以外の意味との「二重の否定」によって規定されているのである。[4]

(3) 物語文から構成された「二重の否定」の体系 ― 他者の行為の意味（応答②-4-2）

本章のここまでの考察は、意味が「二重の否定」の体系をなしており、それが他者によって「否定」されることで形成されることを明らかにした。第2章では、行為の「意図」がそのもとで読み取られる実践的知識や他者の「誰」をダントの物語文を用いて解析したが、その成果を、意味は「二重の否定」の体系であるという本章の洞察から捉え直したい。

あるサラリーマンらしき男が歩いているのを見て「出勤」であるとみなす場合、第2章3(4)で論じたような物語文によって構成された実践的知識のもとでその「歩く」という行為を捉えているといえるが、本章のここまでの考察を踏まえると、「出勤」という意味は、サラリーマンがしそうな他の行為、例えば「帰宅」や「取引先回り」、「出張」などの「「出勤ではない行為」ではない行為」という仕方で、「二重の否定」によって規定されていることになる。

このようにある行為の意味が「二重の否定」によって規定されていることは、「実践的知識」が不十分であるにもかかわらず、ある意図的行為とみなすことができてしまっているのはなぜか、という問い（問い②-6）への最終的な応答となる。この問いに対しては、すでに、その共同体が規範とする「物語」においてその者が「誰」であるかを理解しているためという応答（応答②-6-1）がなされており、さらにその者の「誰」がいかにして読み取られるのかについては、その者がその周囲の道具・物（者）と実際にどのように関係しているかということから、その共同体の「物語」においてその者が「誰」であるかを理解していることが明らかにされた（第2章2(2)）。そのような仕方で、その者の「誰」（例えば、「サラリーマン」）を理解することによって、その者の行為の意味（例えば、「登校」ではなく「出勤」）を理解しうる、というのが、第2章での応答であったといえる。しかしながら、例えば、「サラリーマン」とみなすことによって、その行為を「出勤」とみなすことができているにもかかわらず、どこに自宅（〈始まり〉）や会社

〈終わり〉があるのかというその内実はイメージされておらず、その点で実践的知識が不十分であったわけである。〈始まり〉から〈終わり〉への変化としての物語文から構成された実践的知識が不十分であるにもかかわらず、なぜ、ある者のある行為を、例えば「出勤」として理解できるのかという問いに最終的に応答するならば、実践的知識とは、「二重の否定」によって規定されており、ある者のある行為がその実践的知識の内部に収まっている限りは、その細部が具体化されなくともその実践的知識のもとでその行為を意味付けることができるためである、と応答（応答②-6-3）したい。例えば「赤」という色が「二重の否定」によって規定されているということは、それだけが「赤」であるような「赤そのもの」という色は存在せず、「赤」は「赤ではない色」に囲まれた幅を有しているということであった。同様に「出勤」もまた、「二重の否定」による「幅」を有しており、ある者のある行為がその「幅」の内に収まっている限りは、とりあえず「出勤」とみなすことができるのである。

　東京都内の電車の中でサラリーマンらしき者を見た場合、たいていは〈始まり〉や〈終わり〉、その変化の過程は具体的とはなっていないだろうが、あえて次のようにある程度具体的となった場合を考えてみよう。それは、例えばそのサラリーマンが電話をはじめ、行き先が新橋にある会社であることが明確となったという場合である。こうした場合は、それまで曖昧であった〈終わり〉が具体化されたといえるが、この場合は具体化されたとしても、「出勤」中であることは変わらないだろう。また、その会話の中で行き先が新橋ではなく、大崎であったとしても、「出勤」中であるとみなせるだろう。つまり、この二つの状況では、「二重の否定」によって規定されている「出勤」という意味の枠内に、〈終わり〉としての行き先が収まっているために、依然として「出勤」とみなせるといえる。別言すれば、「出勤」という意味は、行き先〈終わり〉に対して、そうした幅を有しているといえる（〈始まり〉とその変化の過程についても同様のことがいえるだろう）。

　それに対して具体化された〈終わり〉や〈始まり〉が当初の実践的知識の枠内に収まらない場合は、その行為の意味づけが変更されることになる。それは例えば、電話での会話の中で、「夜勤明け」であることが判明した場合である。その場合は、「出勤」（自宅→会社）という実践的知識のもとでではなく、「帰宅」（会社→自宅）という実践的知識のもとで、その行為（電車に乗っている）が意味付けられることになる。あるいは、東京駅から大阪に行くために新幹線に乗ることが判明した場合は、「出張」（東京の自宅→大阪）という行為へと意味づけがかわるだろう。

実践的知識の内実が「二重の否定」によって規定されていることは、よく知らないサラリーマンらしき男を見た場合と比べると、実践的知識の内実が具体的にイメージされうるその者がどの会社に勤めているのかを知っている場合でも、さらにいえば我々自身である場合であっても、同様であるといえる。何となくサラリーマンであると思う場合と比べると、相手のことを知っている場合は、例えばどの駅で下車し、どんな会社に向かうのかということについてのより具体的な実践的知識のもとで、現在の行為を位置づけることができるはずである。しかしながら、相手がどの道筋を通って会社まで行くのかを正確に思い描くことは難しいだろうし、そもそもしていないだろう。自身の行為においても、我々は前もって一挙手一投足をイメージしたうえで行為を行うわけではないだろうし、もしそうしていた場合は、しばしば起こる不測の事態（例えば、「工事によるその道の不通」や「電車の遅延」）に対応することができないだろう。

以上の議論は、意図が透明であることへの問い（**問い②-3**）への応答となる。ある行為の意図は物語文によって構成されている実践的知識のもとで理解されており、その実践的知識の枠内で他者の行為が収まるのであれば、実践的知識や意図は前景化されないため、「意図」もまたいわば「透明」なまま理解されるのである（**応答②-3-1**）。それに対して、例えば具体化された〈終わり〉が物語文から構成された実践的知識の枠に入らないとき（例えば、行き先が「自宅」であるとわかったとき）には、〈終わり〉や実践的知識が前景化し、それらの捉え直しや修正が要請されることになるだろう。

（4）物語文から構成された「二重の否定」の体系＝「誰」の意味

「誰」の意味も、他者の行為と同様に、他の「誰」との「二重の否定の体系」において規定されているといいたい。まず、「誰」は図2－5（66頁）で示されたような、物語文で理解されるような変化を引き起こす者（変化の説明）として、例えば「大工」であれば、「建材」を「家」へと変化させる者として理解されている。しかしながら、「誰」を構成する実践的知識が多様でありながら、限定されてもいるとすれば、その構造はどうなっているのかという問い（問い③－3）が未解決であった。この問いについても、意味が「二重の否定」によって規定されているという本節の洞察によって応答することができると思われる。

例えば、先ほど論じられたように「出勤」という意味がその内実について具体的なイメージを有さなくとも成立しうるように、「大工」という意味もまた、それを構成要素とする「二重の否定」の体系において他の「誰」、例えば「サラリーマン」・「警察官」との区別において規定されており、さらに、その「大工」「サラリーマン」「警察官」というそれぞれの意味は、物語文によって構成されているといえる。というのは、様々な職業の恰好が描かれた絵本を見て、それぞれの職業が何をするのかを理解しないまま「大工」「サラリーマン」「警察官」をその恰好だけで区別できるようになった子どもを、我々はそれぞれの仕事を理解しているとはみなさないためである。そうではなく、その子が、「大工」とは、例えば「建材がある」という〈始まり〉から「完成した家」という〈終わり〉への変化をひき起こすことができる者であると理解したときに、その仕事を理解したとみなすのである。

ここまでの議論を踏まえて、「誰」を構成する実践的知識が多様でありながら、限定されてもいるとすれば、その構造はどうなっているのか、という問い（問い③－3）に応答すれば、以下となるだろう。「誰」の意味の内実もまた、行為がそのもとで位置づけられる実践的知識と同様に、物語文によって構成される「二重の否定」の体系によって規定されているといえる。ただし、「誰」とは一つの行為だけによって規定されているわけではない。例えば、「大工」であれば、「ノコギリで木材を切ること」「トンカチで釘を打つこと」などの多様な行為を行う者といえる。そして、それぞれの行為は、物語文から構成された実践的知識という構造を有しており、その中には「ノコギリで木材を切ること」といった典型的な行為もあれば、「会計をすること」といったやや周縁的な行為も含まれている。「誰」とは、それらの典型的なものから周縁的なものまでのグラデーションのあるそれぞれが物語文から構成された実践的知識のもとで理解できる多様な行為をする者として、例えば「大工」は「「大工の仕事ではない仕事」ではない仕事をする者」として成立しているといえる（応答③-3）。

そしてこの理解の緻密さは、素人なのか玄人なのかによっても異なるだろう。例えば、筆者は「大工」という職業について、通り一遍の大雑把な理解しか持っていないが、その仕事に精通した職人であれば、「大工」も一様ではなく、「宮大工」「家屋大工」「町大工」「数寄屋大工」「船大工」などというような専門に分かれることを知っており、初対面であっても相手が「誰」であるのかを筆者よりも精密に理解するだろう。(5)

(5) 物語文から構成された「二重の否定」の体系 Ⅲ 「道具」の意味

トマセロは、ヒトだけが他者や道具の「意図」を見てとることができることによって、ある者の発明・発見が単発で終わらず、他者がそれを引継ぎ、それをさらに発展させるという「累進的な文化進化」が可能となった、という仮説を提唱していた。また、松沢によればチンパンジーは「レベル3道具」が限界であるのに対して、ヒトは無数の道具を組み合わせて利用することができる。以上のように、その道具が何のために作られたのかを読み取り、道具を用いることができるということは、本書で解明しようとしている問い（「ヒト－チンパンジー＝？」）にとって中核的な位置を占めている。

日々の生活の中で、我々は様々な道具を使用している。例えば大工はトンカチを用いて釘を木材に打ち付けるだろうし、筆者は現在、パソコンのキーボードを打つことで、この原稿を執筆している。このような道具は、それを用いればどのような結果をもたらすことができるのか、という物語文から構成された実践的知識のもとで用いることができているといえそうではある。しかしながら、他者の行為の意図を読み取ることと、道具を使用することとは、同じことではないだろう。ここでは、道具を用いることに特有の性格を捉えるために、ハイデガーの『存在と時間』前後の道具論を参照することにしたい。ハイデガーの道具論を参照することによって、道具の性格とそれを用いることのあり方が明らかになるだけではなく、実践的知識のあり方について本書でここまで論じてきたことをさらに拡張することができるだろう。

ハイデガーは、「厳密に言えば、一つの道具が存在することは決してない」（Heidegger 1927, 68）と述べ、道具は指示（Verweisung）という性格をもち、「それ自身として常に他のものへの指示において、指示として出会われる」（Heidegger 1979, 252: 二三四）とする。例えば、チョークは、「黒板に書くために」あるものとして、黒板や黒板消しなどの他のものを指示し、紙や机、さらに教師の教卓や学生の机や椅子との連関において出会われている。チョークがホワイトボードの前に置かれていた場合は、「書くために」あるものとしてではなく、「邪魔なもの」、「余計なもの」として現れることになるだろう。以上の考察は、複数の道具が互いに指示し合うという仕方で連関していることを示している。

さらにいえば、ある教師が教室に入ったとき、その教師は個々の道具を一つずつ確認しながら、指示の連関を作り上げているわけではない。教師が授業内容を伝えるためにチョークを使用する局面では、チョークと黒板、黒板消しなどの指示の連関が「前もってすでに」了解されているのである。我々は道具の指示連関を「前もってすでに」了解していることによって、「するために（Um-zu）」という性格をもつある道具と出会うことができる（Heidegger 1979, 252f.: 二三四以下）。そしてハイデガーは、このような指示の連関として析出される構造を「世界性」あるいは「有意義性」と呼ぶ（Heidegger 1927, 68ff., 87ff.）。

　我々が世界の出会いの構造契機として眼差しの内に持っている指示を、我々はいまやより正確に、「意義付ける

（bedeuten）」こととして特徴付ける。意義付けることとしての指示においてそのように規定された出会いの構造を、我々は「有意義性」と名づける（Heidegger 1979, 274: 二五三）。

以上のような「世界性」あるいは「有意義性」が、ある存在者の意味を構成しているといえる。このような「有意義性」という構造を有する世界が、存在者の意味として、存在者との出会いに先立って理解されていることによって、目の前にあるものは「〜するために」あるものとして出会われるのである。

このようにある存在者との出会いに先立って、意味を理解する働きが「企投」と呼ばれる。すなわち、『存在と時間』において意味は「企投の向かう先」であり、ある存在者が「意味を持つ」のは、「その存在者が、最初から存在として開示されて、存在の企投において、言い換えればこの企投の向かう先へと向けて了解可能になって」いるためなのである（Heidegger 1927, 324f.）。例えば、目の前の白い棒を「チョーク（「黒板に書くために」あるもの）」として理解することは、そのチョークという存在者の意味としてのその存在へとあらかじめ企投を行っているために可能となっているのである。例えば、「チョーク」の意味を知っている者とまだ「チョーク」の意味を知らない幼児を比較してみよう。その幼児は、我々と同様の意味（「黒板に書くために」あるもの）においてそれを理解することができず、「食べるために」あるものとして理解してしまうかもしれない。それに対して、我々はあらかじめ「チョーク（「黒板に書くために」あるもの）」という意味を理解しているために、すなわちその意味へと企投してしまっているがゆえに、目の前のチョークを「食べるために」あるものとして口に運ぶのではなく、「黒板に書くために」手を伸ばすことができるのである。

さらに、あるものが「〜ために」あるものとして出会われることは、周囲のものとの連関によってだけではなく、我々がどのような目的を有しているのかによっても規定されている。例えば、同じチョークであっても「授業内で教授の内容を教えるために」使用される場合と、「投げて眠っている者を起こすために」使用されるときでは、何の

「ために」あるのかが異なっているといえる。ハイデガーは、このような存在者の意味が我々自身の目的に左右されることを、第一次的な目的（Wozu）としての「目的であるところ（Worumwillen）」、すなわち我々自身の存在としての「実存」への関わりによって方向付けられているとする。例えば、講義の行われている教室の中で、チョークを「書くために」あるものとして使用する場合、このチョークを使って書くことは、教師が伝達しようとしていることを強調するためであり、聴講している学生が伝達されたことを把持しやすくするためでもある。押さえておくべきことは、第一に、その目的は将来の可能性であることであり、第二に、その目的の実現は、他者や事物の可能性とも関わるものの、まずは自らの可能性であることである。すなわち、チョークは「学生への伝達が成功した自分の可能性」、つまり現存在がまだそれであるのではないが、しかしそれでありうるような存在しうること（Seinkönnen）を実現するために、使用されているといえる（Heidegger 1976, 218f.: 二三三以下）。

　以上のハイデガーの道具論を、本書のここまでの成果から捉え直してみよう。まず、道具とは「〜するために」あるものであるというハイデガーの指摘は、本書の用語を用いるならば、道具とは物語文（〈始まり〉→〈終わり〉）から構成された実践的知識という構造のもとで理解されていることとして説明できる。例えば、トンカチを「釘を木材に打ち付けるために」あるものとして理解していることとは、〈始まり〉としての釘と木材とがばらばらにある状態から、〈終わり〉としてのそれが繋がっている状態へと変化させるという物語文の構造において理解していることといえる。

　さらに本書の考察は、道具のあり方についてのハイデガーの洞察に、次のことを追記するように促すだろう。それは、そのような変化を引き起こすものとしての道具とは、「二重の否定」の体系における物語文によって構成された機能において他の道具とは異なる機能を持つものとして規定されている、ということである。つまり、〈始まり〉としての釘と木材とがばらばらにある状態から、〈終わり〉としてのそれが繋がっている状態へと変化させるものとしてのトンカチは、「トンカチではないもの」、例えばノコギリ（切れていない板〈始まり〉を切れている板〈終わり〉へと変化させるもの）やヤスリ（表面がざらざらな板〈始まり〉を表面がなめらかな板〈終わり〉へと変化させるもの）などとの物語文によって構成された区別において、すなわち「「トンカチではないもの」ではないもの」として理解されているのである。

　このように道具の意味が「二重の否定」の体系において規定された物語文という構造を有することを理解することによって、道具の使用方法が必ずしも一義的に確定しておらず、そこに「幅」があるという事実を、うまく説明することができる。例えば、大工仕事には不慣れな筆者がトンカチを使用しようとする場合、トンカチは必ずしも「釘を打つために」あるものという仕方で厳密には規定されていない。典型的な使用法（例えば、「釘を打つ」）から派生的で場合によっては許容される使用法（例えば、「凝った肩を叩く」）、明白に不適切な使用法（例えば、「食べ物を載せるために」あるもの（食器）として用いる）までがグラデーションをなしている。[6] トンカチを「食べ物を載せるために」あるものとして使用することは、どう考えても難しいため、そのような使用法は「否定」され、別の道具（例えば、皿）が必要ということになる。また、筆者と大工職人とを比較すれば、筆者の場合は、大工道具に対する無知ゆえに、「二重の否定の体系」のグラデーションが粗く、そのため大抵の釘をそのトンカチで打てると考えるのに対して、大工職人の場合は、大工道具に対してより精緻に理解しているために、「細い釘を打つために」あるトンカチ、「太い釘を打つために」あるトンカチ、「木の釘を打つために」あるトンカチなどといった仕方で、そのグラデーションの肌理が細かくなっているだろう。

　ここまでは主に、本書の洞察からハイデガーの道具論を捉え直すという方向で考察してきたが、ハイデガーが道具論で示した洞察は、本書でここまで論じてきた議論を拡張するために寄与しうるといえる。その洞察とは、ハイデガーが指摘していた、一つの道具（例えば、トンカチ）は、その道具だけでは機能を発揮せず、他の道具と適切な関係にあることによって、「叩くために」あるものとして機能するという性格である。

　ハイデガーが「厳密に言えば、一つの道具が存在することは決してない」と述べたように、ヒトがそのもとで道具を用いることができる実践的知識の内には、他の道具との指示連関の理解が含まれている。例えば、「家を作り、その内で休む」という目的に向けてトンカチを用いることは、釘や木材、作業場との適切な連関になければうまくいかないだろう。つまり、どのように他の道具を連関させればよいのかということもまた、その道具（例えば、トンカチ）をどのような用途にどのように使用すればよいのかという実践的知識の内に含まれているのである。別の言い方をすれば、〈始まり〉（例えば、釘と木材がばらばらにある）から〈終わり〉（例えば、釘が木材に打ち付けられている）への変化（例えば、トンカチを用いる）は、他の様々な道具とそれを用いる実践的知識と連係していなければ実現されないのである。

以上の考察は、ヒトがある道具をそのもとで適切に用いることができる実践的知識とは単独にあるのではなく、ネットワークをなしていることを示している。というのは、例えばハイデガーが指摘していたような、トンカチが他の道具との指示の連関の内にあるということは、トンカチを用いるためには、トンカチについての実践的知識だけではなく、釘や木材などについての実践的知識も持っていなければならず、トンカチを用いる際にはそうした実践的知識との連係が成立していなければならないといえるためである。

もう少し解像度を高くしておこう。以上の指摘は、トンカチについての実践的知識、釘や木材についての実践的知識がそれぞれあり、そうした個々の実践的知識が連係している、という指摘ではない。ここで主張したいのは、釘や木材のことを知らない者は、トンカチを「釘を木材に打つために」使用することはできないし、それゆえトンカチについての実践的知識も持っていないといえるならば、トンカチを適切に使用できている場合は、それを可能にしている実践的知識の内に、釘や木材などについての実践的知識も含まれている、言い換えれば、トンカチについての実践的知識は釘や木材などについての実践的知識からも構成されているということである。すなわち、道具の使用において、一つの道具だけを用いることは不可能だということは、その道具を用いることを可能にする実践的知識もまた、そのもとで他の道具を用いることができる他の実践的知識とネットワークをなしていなければならないことを示している。

職人の仕事場だけでもおそらく数百以上の道具が存在し、素人にはわからないそれぞれの道具の用途や場面、使用法を職人は知っているだろう。職人は、一人前になっていく過程において、それぞれの道具についての実践的知識を学んでいくことで、それぞれを適切な場所に置き、必要なときに適切に連関させることができるようになるといえる。しかしながら、大工が一度にそれらすべてに注意を向けているかといえば、そうではなく、大工が実際に同時に用いることができる道具の数は、それほど多くはないと思われる。つまり、そのもとである道具（例えば、トンカチ）を適切に使用することができる実践的知識は、釘や木材はもちろん、それだけではなく、それを置く台や適切な強度の床、適度な照明、雨風を防ぐ屋根や壁などといった、無数の物・道具についての実践的知識からも構成されていなければならない。しかし、大工が実際にトンカチで釘を打つときには、それぞれに注意を向けているわけではないし、またその必要もない。このような事態を本書の用語を用いて捉えるならば、物語文から構成された動的な「二重の否定」の体系の枠内に入っているために、仕事場の無数の道具のほとんどやその実践的知識は普段は背景に留まり、いわば「透明」になっているからである、といえる。そのように普段は背景に留まっているものに注意が向けられるのは、例えば電球が切れてトンカチで釘を打つことが困難になったような場面である。そうした場合には、改めて明りの必要性、つまりトンカチを適切に使用するという行為は、電球とも適切に連関していなければ適切になされえないことに注意が向けられ、電球を取り替えることの必要性が意識されるようになる。(7)

以上、ハイデガーの道具論を考察することで、ある道具を使用するための実践的知識が、他の道具の実践的知識ともネットワークをなしていることが判明したが、しかし同様のことは、第3章1（3）と（4）で考察した他者の行為や「誰」についてもいえるのではないだろうか（問い②-9）。とはいえ、この問いに応答するためには、もう少し議論を積み重ねる必要がある。この問いへの応答は、第3章2（4）で行いたい。

2　意味の習得

第3章1では、ある意味がそれだけで成立するのではなく、「二重の否定」の体系において規定されていること、さらに物語文という動的な構造を有するものであることが明らかになった。第3章2ではまず、実際にある実践的知識（例えば、「一時間前に家を出れば、授業に間に合う」）がどのように生成するのかを検討し、その際の物語ることの働きを確認する（第3章2（1））。続いて、そのように形成された、物語文から構成された実践的知識が修正される際の「否定」のありようを考察する（第3章2（2））。その次に、以上の実践的知識についての洞察は、意味一般に拡張可能であること、つまりあらゆる意味は物語文から構成された「二重の否定」の体系という構造を有することを示す（第3章2（3））。そのうえで、そこまでの議論を踏まえて、第3章1（3）、（4）で論じた、他者の行為と「誰」の意味が実践的知識のもとで理解可能となることについて、再度捉え直す（第3章2（4））。そして最後に、物語ることはヒトにのみ可能な「距離を空ける」ことによって可能となるために、「距離を空ける」ことによって意味が生成することを示す（第3章2（5））。

（1）　実践的知識の生成における物語ること

前節の考察は、ある者を「サラリーマン」とみなし、そこから開かれる実践的知識のもとでみることによって、その者の歩くという行為を「出勤」として解釈しうることを示した。それでは、そのような実践的知識はどのように習得されたのだろうか。

「授業を受けるために、R大学へ向かう」という意図をもって家を出る大学生を例に、具体的に考えてみよう。この大学生が最初にR大学に向かう際には、どのくらいの時間がかかるのか正確にはわからなかったり、下車する駅を

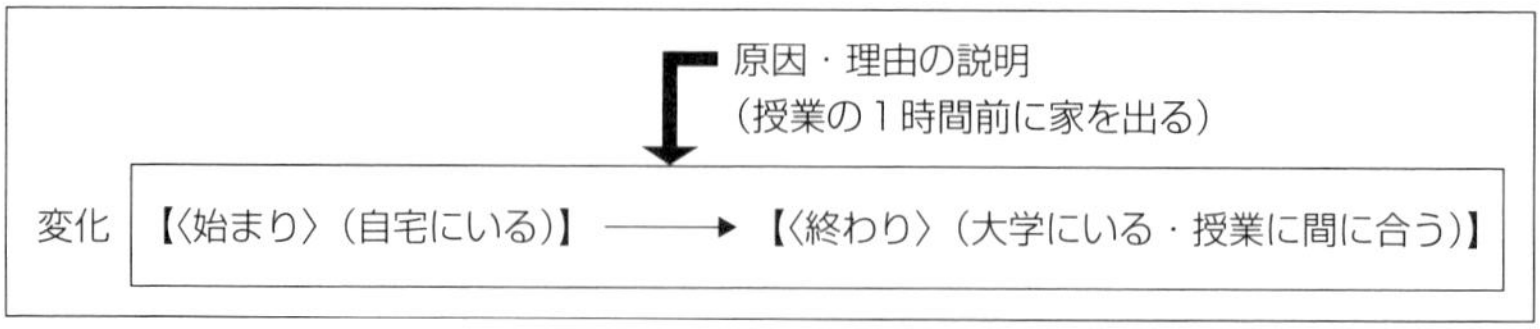

図 3-1　「R大学へ通い慣れた」大学生の「１時間前に家を出れば、授業に間に合う」という実践的知識を構成する物語文〈始まり〉→〈終わり〉の構造

（注）〈始まり〉と〈終わり〉が括弧【　】に入れられているのは、明確かつ主題的に意識されていないことを意味する。

再度確認したり、歩いている際にも道筋を何度も確認することになるだろう。このような状態は、〈始まり〉(自宅にいる)から〈終わり〉(大学にいる)への変化という物語文によって構成される実践的知識の内実がまだ確定しておらず、緻密化されていない状態といえる。徐々に「R大学へ通い慣れて」いく過程では、「この道を通ると早く大学に着いた」や「一時間前に家を出たら、授業に間に合った」などといった〈終わり〉への過程が経験されることによって、〈始まり〉(自宅にいる)から〈終わり〉(授業に間に合うように、大学に着く)への変化という物語文から構成される実践的知識の内実(例えば、「一時間前に家を出てこれこれの道を通れば、授業に間に合うように大学に着ける」)が緻密に確定されていくようになる。ここで重要であると思われるのは、このような実践的知識を構成する物語文が生成する際には、ダントが物語文の特徴として述べていた〈終わり〉へと着目し、そこから遡及的に〈始まり〉が規定されたうえで、〈始まり〉から〈終わり〉への変化が物語られるという点である。このように「R大学へ通い慣れた」大学生の実践的知識を図示すれば、上の**図3-1**となる。

ここまでの考察を踏まえて、第2章3（4）で提起された実践的知識を構成する物語文〈始まり〉→〈終わり〉がどのように習得されたのかという問い(**問い②-8**)に応答するならば、実践的知識を構成する物語文は、〈終わり〉から〈始まり〉が規定されたうえで、〈始まり〉から〈終わり〉への変化が物語られることによって生成すると応答することができる(**応答②-8-1**)。

図3-1のような通い慣れた状態とは、実践的知識が「否定」されるような経験が少なくなることで、実践的知識が背景化され「透明」となることで顕在化されること

が少なくなった状態であるといえる。そのように大学への行き方が緻密になることによって、大学への行き方は効率的になるだろうが、だからといってその行き方のすべてが規定されているわけではない。例えば、何時に出発するのか、自転車を用いるのか、どの道を通るのかなどは、その日の気分や体調によってその場で変更されることがあるだろう。いわばその規定には、「幅」があるのである。

以上の「幅」は、前述したように、そのもとで意図が読み取られる実践的知識を構成する物語文が、「〜ではない／をしない」という「二重の否定」によって制限されていることによって説明できる。つまり、「授業に間に合うように、大学に到着する」（家にいる→大学に着く）という物語文によって構成された「登校」という意味もまた、それをしたならばその変化を引き起こせないというそれ以外の可能性、例えば「授業に遅刻するまで家にいる」や「大学へたどり着かない道を選ぶ」という「否定」されるべき可能性によって取り囲まれている。言い換えれば、その物語としての意味は、「「授業に間に合うように、大学に到着しないこと（「授業に遅刻するまで家にいる」や「大学へたどり着かない道を選ぶ」など）」をしない」という仕方で規定されている。そのため、「よく通る道⇕たまに通る道」といった「典型的⇕周縁的」というグラデーションの範囲内であれば、個々の行為は不確定であるのであり、例えば「余裕をもって二時間前に出発する／ぎりぎりの時間に出発する」、「最寄り駅まで歩いていく／自転車を用いる」でもよいという「幅」がある仕方で規定されているのである。

（2）実践的知識の修正における「否定」のありよう

意味の習得・修正における「否定」の機能についてより具体的に考えるために、第3章2（1）で考察した「R大学に通い慣れた」学生の「一時間前に家を出れば、授業に間に合う」という実践的知識が「否定」される局面、例えば電車が二〇分遅延したことによって遅刻したので、その後は「一時間半前に家を出る」ようにしたという場合を考えてみよう。この場合、当初の実践的知識（「一時間前に家を出れば、授業に間に合う」）では実現するはずであった〈終わ

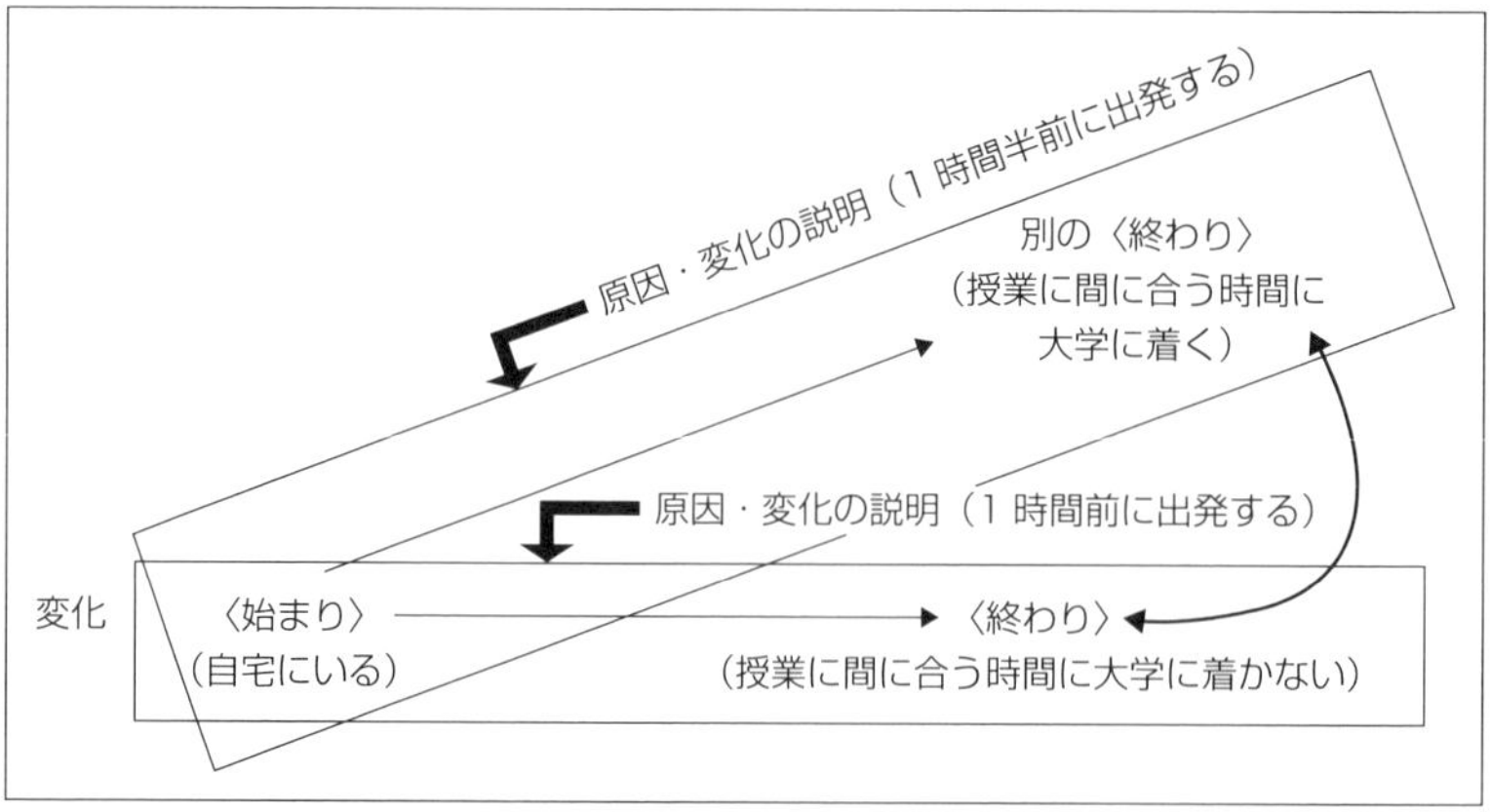

図3-2　1時間前に家を出たが「授業に間に合わない」という〈終わり〉と、別の〈終わり〉の可能性が対比され、その別の〈終わり〉を実現する別の実践的知識が生成される

り〉（授業に間に合う）が実現しなかったことによって、その実際の〈終わり〉（授業に間に合わない）と別の〈終わり〉（授業に間に合う）の可能性とが対比され、その別の〈終わり〉を実現する当初とは別の実践的知識が生成されることになる。以上を図示すれば、上の**図3－2**となる。

　このように、たとえ電車の遅延があったとしても授業に間に合うように一時間半前に家を出ることが、実践的知識として定着した場合、当初の実践的知識が「否定」され、修正されたと捉えることができる（ただし、「間に合わなかった」という〈終わり〉を例外とし、そのままの実践的知識が維持されるということもあるだろう）。以上の実践的知識の「否定」と「修正」を図示すれば、次頁の**図3－3**となる。

　第3章2（1）での実践的知識を構成する物語文が生成されていく局面においては、〈終わり〉に着目し、〈始まり〉から〈終わり〉への変化が物語られるという応答（**応答②-8-1**）がなされたが、ここでの考察は一度生成された物語文がいかに修正されるのかを示すことによって、それを補うものといえる。つまり、ある事態がすでに形成されていた物語文の内に収まらない場合、当初予期されてはいなかった〈終わり〉に着目し、そこから新たな〈始まり〉→〈終わり〉を物語ることで、当初の実践的知識の修正がなされるといえる（**応答②-8-2**）。

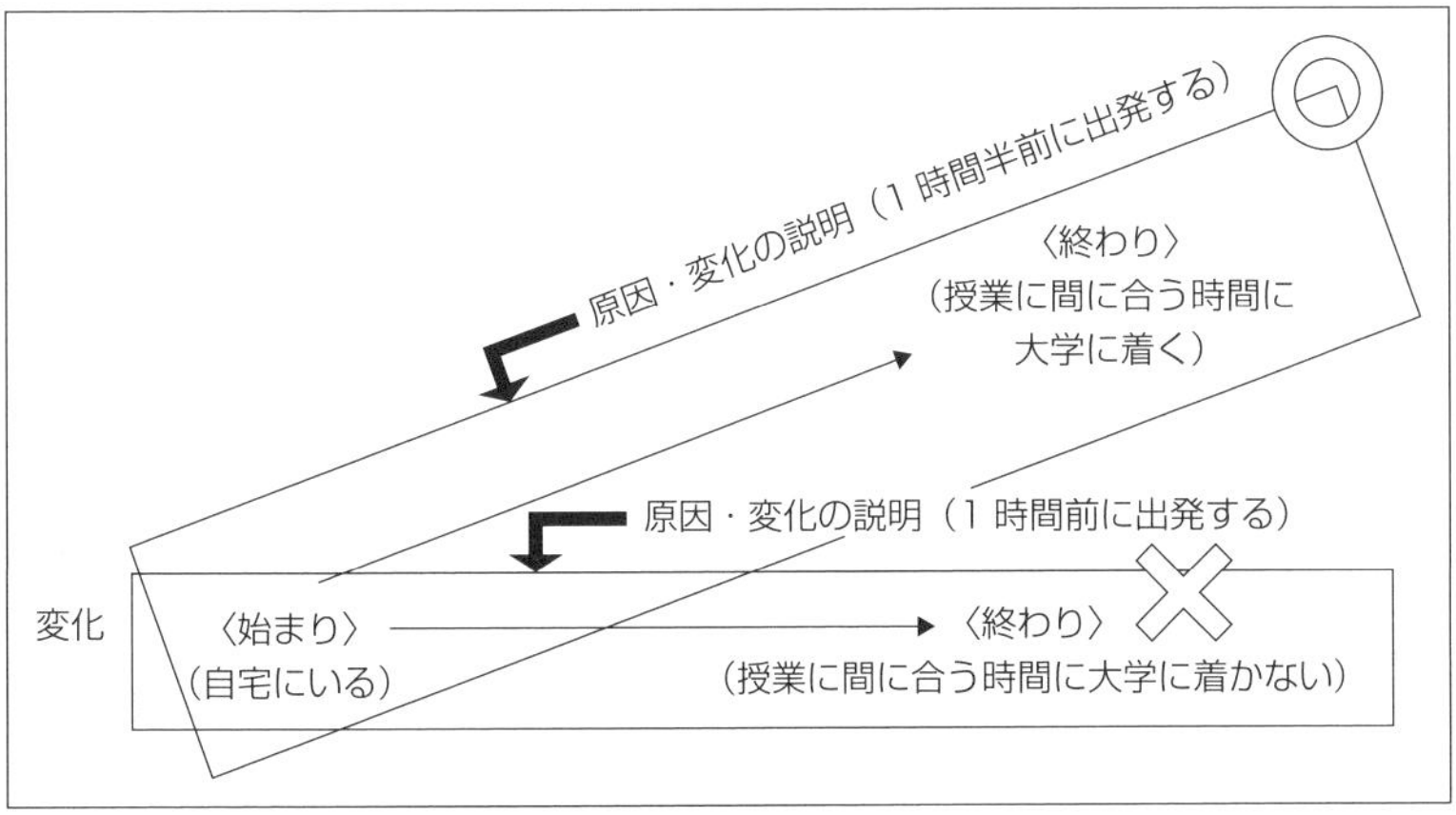

図3-3 「1時間前に家を出れば、授業に間に合う」という実践的知識が否定され、「1時間半前に家を出れば、授業に間に合う」に修正される

さらにここまでの考察から、第2章3（2）で提起した、〈始まり〉↓〈終わり〉が必然的ではないこと、すなわちそのような〈終わり〉とはならない可能性を〈終わり〉とあわせて見ることがなされていないにもかかわらず、我々がある行動をある意図的行為とみなしているのはなぜかという問い（問い②-7）にも応答できるだろう。新たな意味が生成されるときや、図3-2と図3-3で示したような、当初の実践的知識が修正される際には、実際の〈終わり〉はそうではなかった可能性と対比されている。しかし、その者の行為が当初の実践的知識の枠内に収まっている場合には、図3-1で示されたように〈始まり〉と〈終わり〉とは背景にとどまり、「透明」であるため（図3-1ではそのことを括弧（【 】）に入れることで示した）、そうではない可能性との対比において、主題化されないのである（応答②-7）。

すでに第3章1（3）で応答したように、物語文によって構成されている実践的知識のもとで自他の行為の解釈が順調になされているときに「意図的」であることが透明であるのは、習得された物語文において〈終わり〉が焦点化されず、またその〈終わり〉を要素とする物語文によって構成されている実践的知識も前景化しないためであった。それに対して、〈終わり〉やそれを要素とする物語文によって構成されている実践的知識が前景化されるのは、すなわち、それらが透明でなくなるのは、当初の実践的知識における〈終わり〉が実現しなかったときであるといえる（応答②-3-2）。同様のことは、ここで論じてきた自身の行為についてだけではなく、他者の行為や意味一般についてもいえるだろう。順に確認しよう。

サラリーマンの出勤の例において、個別的・具体的な〈始まり〉と〈終わり〉を思い描いていないにもかかわらず、そのサラリーマンらしき男の行為を「出勤」として〈始まり〉から〈終わり〉への変化とみなすことができるのは、この〈始まり〉から〈終わり〉への変化という構造を有する「出勤」という行為が、「「出勤ではない行為」ではない行為」という仕方で「二重の否定」によって規定されているために、「出勤」における〈始まり〉→〈終わり〉という変化も、その内実が具体的に確定されている必要はないからであった。そしてその「二重の否定」の枠内にそのサラリーマンらしき男の行動が収まる限りで、その行動がそのもとで解釈される実践的知識は前景化せず、透明であるといえる。しかし、その男の独り言などで夜勤明けの帰宅中であることが判明した場合には、同じ行為が「会社にいる」という〈終わり〉への移動ではなく、「自宅にいる」という〈終わり〉への移動、つまり「出勤」ではなく「帰宅」するための移動という別の実践的知識のもとで解釈されることになる。

（3） 意味一般は物語文という構造を有する

本節で示された、実践的知識を構成する物語文は、〈終わり〉から〈始まり〉が規定されたうえで、〈始まり〉から〈終わり〉への変化が物語られることによって生成するという応答（応答②-8-1）や、当初予期されていなかった〈終わり〉から「距離を空ける」ことによって、新たな〈始まり〉→〈終わり〉という物語文が生成することで、当初の実践的知識が修正されるという応答（応答②-8-2）は、行為や「誰」の意味だけではなく、色名や「アヒル」といった名詞についても同様に妥当すると主張したい。すなわち、物語文によって動的に構成されていることを見てとりやすい行為や道具、役柄と比べると、静的であるように見える色名や名詞の意味であったとしても、物語文によって動的に構成されていることを、以下で示したい。

写真一般のことを「お父さん」というのだと誤解していた子どもの例について再度考えてみよう。この写真のお父さんの例では、箪笥に入った写真を出してもらおうというつもりで、子どもが「お父さんを出して」を言ったときに、予期した〈終わり〉が実現しない場合や、本物のお父さんに出会ったときに「お父さんだよ」と言われることを通して、物語文によって構成されている既存の実践的知識は「否定」され、新たに物語る必要が発生するのである。さらに別の例を出せば、「赤」という意味は、将来ある色（例えば、青鉛筆）に対して「赤鉛筆とって」といったときに、それが「否定」されることによって、規範的な意味へと形成されていく。あるいは、例えば赤鉛筆に対して「赤鉛筆とって」と言ったときに、赤鉛筆や朱色の色鉛筆が渡されることによって肯定されるといえる。

以上の成果は、認知言語学の知見を「動的に」拡張すべきことを示しているだろう。認知言語学の知見は、「お父さん」という意味は、「「お父さんではない者（例えば、「お母さん」「おじいちゃん」「おばあちゃん」「センセイ」……）」ではない者」という「二重の否定」において規定されているということであったが、写真のお父さんの例は、そのような「お父さん」という意味もまた実際にその語が用いられる中で、規範的な理解へと修正されていく過程を示していた。その語を規範的に理解していることとはその語を規範的に使用できること、言い換えれば規範的な実践的知識のもとで使用できることでしか示されえないとすれば、「お父さん」という語の理解はただ静的に他の意味から区別されているという仕方で「二重の否定」において規定されているのではなく、「お父さん」ではない語（例えば、「写真」）を用いるべきではないときに「「お父さん」ではない語を用いない」（「お父さん」という語を用いる）という仕方で動的な「二重の否定」において理解されているといえる。つまり、一般的には、まず語の意味を理解し、続いてそれを用いるという順序で、語の意味とその語用との関係を理解しがちであるが、語の意味とその語用は一体的に理解されなければならないだろう。(8)

さらにいえば、「お父さん」という意味が「「お父さんではない者（例えば、「お母さん」「おじいちゃん」「おばあちゃん」「センセイ」……）」ではない者」という「二重の否定」の体系において規定されるとすれば、そのような意味は以上のような動的な使用において「否定」されることを通して形成されてきたということができるだろう。別言すれば、語の意味は、実際に使用することにおける「否定」を通して形成されてきたがゆえに、「二重の否定」というようなグラデーションのある「幅」を有するのだといえる。

以上の本節の成果から、まず、「共同注意」が成立したうえで名指しがなされたとしても、しばしば子どもはその意味を誤解することがあるが、そのような誤解がその共同体において規範的な意味へといかにして修正されていくのかという問い（問い④-3）に応答しよう。「二重の否定の体系における二重の否定」という構造を有する意味を習得する際、「共同注意」のもとで名指しがなされたにもかかわらず、意味が誤解された場合は、それを用いた際に実践的知識を構成する物語文における〈終わり〉が実現しなかったり、予期しない〈終わり〉が実現した場合に、当初の意味が「否定」され、規範的なものへと修正されていくのである。例えば、最初子どもは電車に乗ること一般を「出勤」と解釈するかもしれないが、そのような誤った解釈は、自分が遊園地へ行くために電車に乗ったときには「出勤」と言われないことを通じて「否定」されることで、修正されていくのである（応答④-3-1）。

しかしながら、本節の考察は、意味についての新たな問いを提起しているように思われる。それは、意味一般が上述したような「二重の否定」という構造を有するとするならば、大人であっても「赤」や「机」という意味についての現状の理解は、単にいまだ「否定」されていないだけであって、暫定的なものであるということである。すなわち、意味の理解とは、もしも否定された場合には訂正・更新されるという可能性に常に開かれているのである。

このような理解の状況に対する問いとして、まず、我々がそうした暫定性の自覚を伴わないのはなぜか、という問い（問い④-4）が挙げられる。そのうえで、以上の事情を踏まえれば、たとえ大人であってもその理解は暫定的であるにもかかわらず、それが隠蔽され、学習過程の者（子ども）にとって、ある者（大人）がその知を有する者として、いわば権威のある者として現れているのは、なぜかという問い（問い④-5）を提起することができる。この問いは、子どもの学習がうまくいくための条件を問う問いでもある。というのは、子どもが学習する際、その大人の言っていることに信頼がおけない場合、学習はうまくいかないと思われるためである。つまり、子どもの学習は、大人の理解が確定しているという前提のもとで、いわば大人が「正解」を知っているという信頼のもとで、うまくいくと考えられるためである。

（4）物語文から構成された「二重の否定」の体系 Ⅳ 他者の行為と「誰」の意味（再考）（応答②-9）

第3章1（3）では、ある者を「サラリーマン」とみなすことによって、その行為を自宅という〈始まり〉から会社という〈終わり〉への変化という「出勤」とみなすことを可能にする実践的知識が開かれると述べた。さらに、サラリーマンの「出勤」とは、サラリーマンがしそうな他の行為、例えば「帰宅」や「取引先回り」、「出張」などの「「出勤ではない行為」ではない行為」という仕方で、「二重の否定」によって規定されていることを確認した。また、第3章1（4）では、「誰」の意味もまた、物語文によって構成される「二重の否定」の体系によって規定されていることを確認した。「誰」とは、典型的なものから周縁的なものまでのグラデーションのあるそれぞれが物語文から構成された実践的知識のもとで理解される多様な行為を行う者として理解されている。

その後、第3章1（5）において、ハイデガーの道具論の洞察を確認し、そして第3章2では、意味が「二重の否定」によって規定されること、そしてその習得が物語ることと一度形成された物語文が「否定」される過程について確認したうえで、先ほどの第3章2（3）では、意味一般が物語文という構造を有するということを確かめた。ここまでの議論を踏まえて得た洞察は、第3章1（3）で示した他者の行為や「誰」の意味の捉え直しを迫るものであると思われる。

第3章1（3）において、ある行為をそのもとで「出勤」であると理解することができる実践的知識を、あたかも自宅という〈始まり〉から会社という〈終わり〉への変化という単一の物語文によって構成されているかのように述べてしまったことは、〈始まり〉や〈終わり〉が具体的にイメージできないという点を差し置いても（この問い②-6に対しては、第3章1（3）で応答した（応答②-6-3））、誤りとまではいえないが不十分な分析であったといえる。というのは、ハイデガーの道具論を考察した第3章1（4）においてすでに、ある道具（例えば、トンカチ）を使用することを可能にする実践的知識は、釘や木材についての実践的知識からなるネットワークによって構成されていることが判明したが、同様のことは、他者の行為や「誰」の意味についてもいえるように思われたためである（問い②-9）。

例えば、自宅という〈始まり〉から会社という〈終わり〉への変化としての物語文の中には、「自宅（家）」や「会社」、出勤の手段である「電車」や「徒歩」、あるいは「働く」といったことなどのその他の意味も含まれている。例えば、「会社」や「働く」という意味がわからない者は、「出勤」や「サラリーマン」という語を、我々と同様には理解していないといえるだろう。そして、先ほどの第3章2（3）では、意味一般が物語文という構造を有するということが明らかとなった。つまり、「自宅（家）」や「会社」、「電車」や「徒歩」、「働く」という意味もまた、物語文から構成された実践的知識のもとで理解されているといえる。それゆえ、「出勤」として理解されている意味は、物語文から構成された実践的知識としてそれ自体だけで成立しているのではなく、「自宅（家）」や「会社」、「電車」や「徒歩」、「働く」などの物語文から構成された実践的知識のもとで理解される意味を構成要素として含んでいるのである。

「出勤」という意味が形成されてきた過程についてもう少し考えてみよう。例えば幼児が、父親が早朝に家から出かけることを「シュッキン」と呼んだとしても、その幼児が「働く」や「会社」、「お金」について理解していなければ、大人が理解しているのと同じように「出勤」とみなしているわけではないだろう。そのような幼児は、成長・学習の過程において、「働く」や「会社」、「お金」などについて理解することによって、そのもとで「出勤」とみなすことを可能にする実践的知識のネットワークが拡充され、「出勤」についての規範的な理解に近似していくといえる。

以上の考察が示しているのは、そのもとである者の行為が意味づけられる実践的知識は単独で成立するのではなく、ネットワークをなしているということである。つまり、トンカチについての実践的知識がトンカチについての諸々の知識だけでは成り立たず、仕事場の他の道具についての実践的知識との連係において成立していたように、あるサラリーマンらしき者の行為を「出勤」とみなすこともまた、様々な物事の意味、それ自身も物語文から構成された実践的知識とのネットワークにおいて成り立っているのである。

ここでの考察は、第3章2（2）、（3）で指摘された、「二重の否定」として規定される意味が修正される際の「否定」のありようを、より詳細に捉えることを促すだろう。さきほど第3章2（3）において、最初子どもは電車に乗ること一般を「出勤」と解釈するかもしれないが、そのような誤った解釈は、自分が遊園地へ行くために電車に乗ったときには「出勤」と言われないことを通じて「否定」されることで修正されていく、と述べた（応答④-3-1）。ここまでの考察によって、当初の「出勤」の理解のどこに問題があったのか、つまりどの点で規範的な意味とずれていたのかが判明する。その子どもがある行為を「出勤」とみなす実践的知識は、〈始まり〉（自宅）から〈終わり〉（会社）への変化という構成要素が、規範的な「出勤」と異なっており、その「ずれ」が判明することによって、当初の理解が「否定」され修正される。

それでは、その子どもが電車に乗ることが「出勤」ではなく（その理解が「否定」され）、会社に行くために電車に乗ることが「出勤」であると、「出勤」の理解が修正されたら、どうであろうか。当初よりも規範的な意味に近づいているため、その「ずれ」を見てとることは難しくなるだろう。しかし、例えば、その子どもが自分が遊ぶために遊園地に行くように、父親も会社へ行っていると理解している場合、つまり「働く」ために会社に行くということを理解していない場合は、まだ規範的な意味と「ずれ」ているといえるだろう。前述したように、そのもとである行為を「出勤」とみなすことを可能にする実践的知識は、「会社」とはどういう場所であるのかやそこへ「働く」ために行くという、それぞれが物語文から構成された実践的知識からなるネットワークにおいて構成されているのであり、そのネットワークが規範的なものと「ずれ」ている点でその子どもの理解はいまだ不十分なものであるといえる。この子どもの誤解は、例えば出勤する父親に向けて「楽しんできてね」や「いいなあ」と言うことを通じて、周囲の者に発見され、修正の機会となるだろう（応答④-3-2）。

ここまで「出勤」について考察してきたことは、「サラリーマン」という「誰」の意味についても同様に当てはまるだろう。「サラリーマン」という意味が、「出勤」や「デスクワーク」、「出張」、「営業」などといった典型的な行為から、「宴会に参加する」などの周縁的な行為、「サラリーマンはしない行為」といったグラデーションのある「二重の否定」によって意味づけられていることは、第3章1（4）で確認した。ここまでの考察を踏まえることで、例えば「サラリーマン」にとって典型的な行為である「出勤」が、「自宅（家）」や「会社」、「電車」や「徒歩」などとのネットワークから構成されていたように、「サラリーマン」という「誰」の意味もまた、様々な意味とのネットワークから構成されているといえる(9)。例えば、ある者を「サラリーマン」とみなしつつ、「会社」や「働く」、「給料」などの意味を知らないという場合、その者の「サラリーマン」の理解は、規範的なものとはいえないだろう。

（5）「距離を空ける」ことから、意味は生成する

本章では、行為の意味がそのもとで解釈される実践的知識が、「二重の否定」に囲まれた物語文から構成されていることを明らかにした。そのうえで第3章2（3）では、「お父さん」や「赤」といった意味一般も、同様の構造を有すること、すなわち「二重の否定」に囲まれた物語文から構成された実践的知識という構造を有することを明らかにした。さらにハイデガーの道具論、特に彼の指示について洞察を踏まえることで、実践的知識がネットワークをなしていることが判明した。ここまでの解明を踏まえて、ヒトのみが意味や言語を理解しうるのは、ヒトのみが「距離を空ける」ことができるためである、と主張したい。

意味とは、第一に、物語文から構成された実践的知識という構造を有するが、第二に、その物語文は、単線的なものではなく、「二重の否定」に囲まれているという仕方で、「幅」のあるものである。そのような実践的知識が形成されるのは、〈終わり〉へと着目し、そこから「距離を空ける」ことによって、〈始まり〉から〈終わり〉への変化を物

語ることによってである。また、一度形成された物語文から構成された実践的知識が修正されるのもまた、当初の実践的知識では生じないはずの〈終わり〉が起こった場合に、その〈終わり〉に着目し、そこから「距離を空ける」ことによってであった。第2章4で論じたように、このような物語ることはただ二つの出来事を別々に経験しただけであったり、それらを別々に記憶していただけでは不可能である。物語ることができるためには、〈終わり〉に着目しつつ、そこから「距離を空け」、〈始まり〉と関係させて、〈始まり〉から〈終わり〉への変化を眼差すことができなければならない。

この「距離を空ける」こととは、絵を描くことを可能にするような、二つのものを見比べる能力であり、そしてヒトだけが絵を描くことができるとすれば、ヒトのみが「距離を空ける」ことができるのである。第1章3で紹介したように、ヨナスは、自身の提起した思考実験において、宇宙飛行士がある星で出会った生物が絵を描いていたならば、ヒトと同様の知性を有しているとみなしてよいとし、そのような生物はそのときは言語を有さなくてもいずれは意味を理解するようになると論じていた。ヨナスはその詳細を明らかにしていなかったが、本書の考察によって、なぜ絵を描くことがヒトと同様の知性を有していることの指標となるのかを示すことができただろう。すなわち、絵を描くことができることは「距離を空ける」という能力を有していることの指標であり、そして「距離を空ける」ことは、物語ることを可能にし、意味を理解することを可能にする条件であるためである。

3　なぜ、ヒトにできることが、チンパンジーにはできないのか

本書のここまでの考察を踏まえることで、第1章1（2）で確認したいくつかのチンパンジーの非能力についての問いに、応答することができる。**［チンパンジーの非能力1］**とは、役割分担や互恵性がないということであった（問い①-2-1）。**［チンパンジーの非能力2］**とは、チンパンジーの大人が子どもに何かを教えることがないことで

あった（問い①-2-2）。そして、［チンパンジーの非能力3］とは、チンパンジーも道具を使用することができるが、最大限好意的に見ても、「レベル3道具」が限界であるということであった（問い①-2-3）。［チンパンジーの非能力4］とは、誤信念課題に正答できないということであった（問い①-2-4）。そして、［チンパンジーの非能力5］とは、積み木を積み上げるという模倣で、一次元の模倣はできても、二次元の模倣ができないということであった（問い①-2-5）。さらに、［チンパンジーの非能力6］として指摘されたのは、赤い色のカードを見て「赤」を表す図形文字を選ぶことができるようになったとしても、「赤」を表す図形文字を見て赤い色のカードを選ぶことはできないということであった（問い①-2-6）。二次元の模倣についての問い（問い①-2-5）には、すでに第1章3（2）で応答したが、それ以外の非能力については応答がなされていなかった。本節では、順番に応答したい。

（1）なぜ、チンパンジーには「役割」が理解できないのか

本書ではすでに第2章3（3）において、「誰」が、物語文によって構成された「二重の否定」の体系としての実践的知識の集まりから成立していることを明らかにしている。そして、そのような物語文によって構成された実践的知識とは、ヒトの「距離を空ける」という働きによって可能となるとされた（第3章2（5））。「誰」とはマッキンタイアによれば我々の人生における「役柄」であり、チンパンジーが理解できない「役割」と等価であるとすれば、チンパンジーに役割分担や互恵性がないということについての問い（問い①-2-1）にはすでに応答できているといえる。

しかしながら、「誰」とはたった一つの物語文によって構成された実践的知識から成り立っているものではなく複雑であったため、ここでは、あえてより単純な例を挙げて考えたみたい。それは、子どものころ一度はしたことがあるだろう「鬼ごっこ」である。典型的な「鬼ごっこ」では、鬼役がそれ以外の者をつかまえることで、鬼役が交代する。「鬼ごっこ」に参加するためには、以上のルール、つまり「鬼役」「それ以外の者」の役割を理解していなければならない。このような鬼役の役割は、次頁の図3-4のように物語文を用いて捉えることができる。

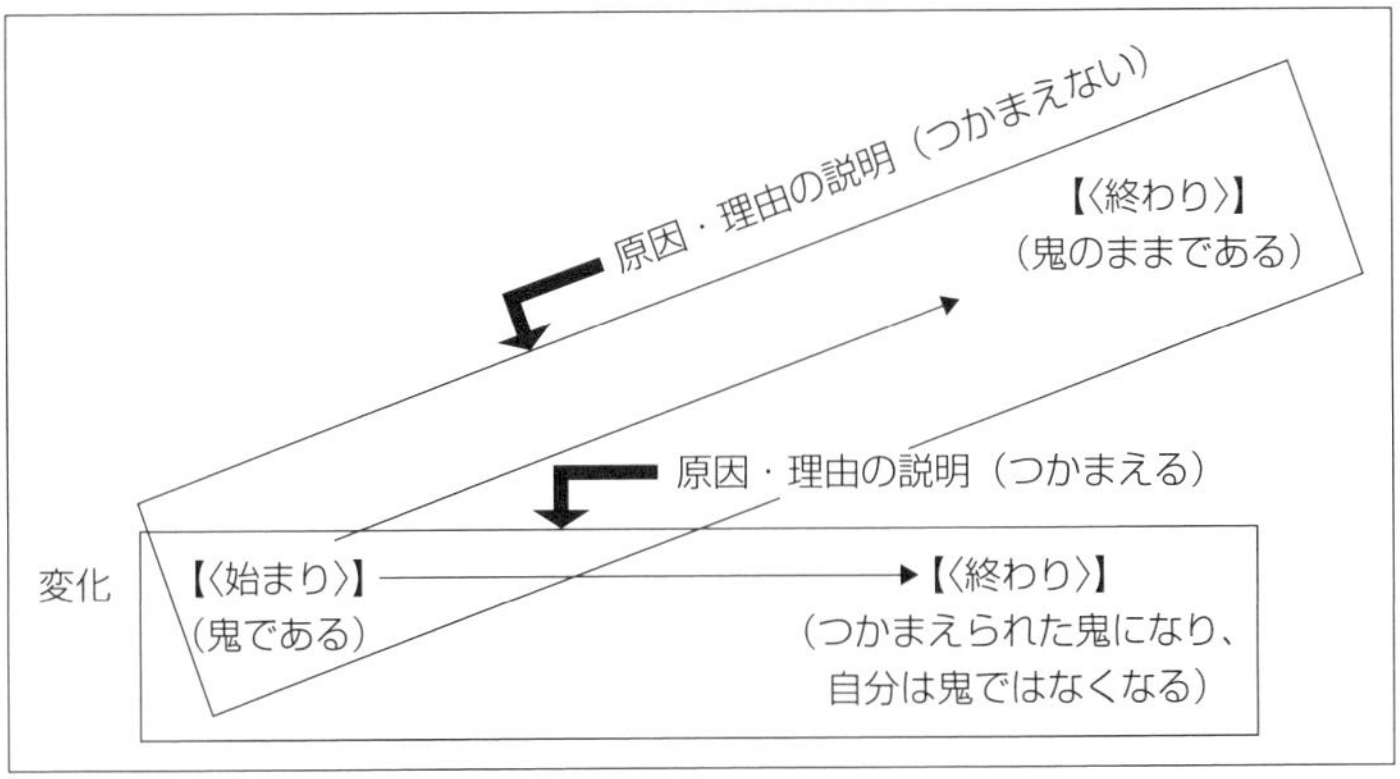

図3-4　「鬼役」を構成する物語文〈始まり〉→〈終わり〉の構造

「鬼ごっこ」に参加する子どもたちは、こうした物語文から構成された実践的知識を理解しているために、鬼役となったら他の子どもを追いかけるし、他の子どもたちは鬼から逃げようとするといえる。そして、このような「役割」もまた、最初は〈終わり〉へと着目をすることによって、そこから「距離を空け」、〈始まり〉から〈終わり〉への変化を物語ることによって習得されたといえる。つまり「役割」を理解するためには、「距離を空ける」ことができなければならず、そしてチンパンジーには「距離を空ける」ことができないからこそ、こうした「役割」を理解できず、それゆえそれを交換することもできないのである（応答①-2-1）。

（2）なぜ、チンパンジーの大人は子どもに「教え」ないのか

［チンパンジーの非能力2］である、チンパンジーの大人が子どもに何かを教えることをしないのはなぜかという問い（問い①-2-2）について、第2章4（2）において詳述した、花の名前を教える例から再度考えてみよう。子どもと歩いている親が、道端の花を指差し、「きれいだね」と言い、子どもの「何て名前？」という発話に対して「銀木犀だよ」と答えるという場面で、「銀木犀」という名称の学びが成功するのは、「子ども」がその「花」について注意をしつつ、その「花」から「距離を空け」て、「大人（の発言）」についても注意を向けているときであろう。再度、「教える側」の親目線で、この事態を描いた**図2-10**（77頁参照）を見てほしい。

親が「銀木犀だよ」と発言したのは、〈始まり〉（子どもが花の名前を知らない）から〈終わり〉（子どもが花の名前を知っている）への変化という物語文から構成された実践的知識を有しており、その変化をひき起こそうと考えたためといえる。さらにまた、親は子どもの「何て名前？」という発言によって、子ども自身もまた、そのような物語文から構成された実践的知識からなる意図を有し、花だけではなく自分（親）にも注意を向けていることを知っているとえる。

　このように、一見すると単純であるかに思われる「共同注意」が成立したうえでの名指しによる学びであっても、双方が相手を物語文から構成された実践的知識のもとで見るという、高度に複雑な機構が必要とされていた。そして、このような物語文から構成された実践的知識を習得するためには、「距離を空ける」ことができなければならないのであった。チンパンジーが「教える」ことをしない／できないのは、以上のように「距離を空ける」ことができず、それゆえ物語文から構成された実践的知識を有することができないためであるといえる（応答①-2-2）。

（3）なぜ、チンパンジーは道具の使用に限界があるのか

　続いて、［チンパンジーの非能力3］であった、最大限好意的に見ても「レベル3道具」までしか道具を使用できないのはなぜかという問い（問い①-2-3）に応答しよう。この問いに応答するためには、第3章1（5）で考察した、ハイデガーの『存在と時間』前後の道具論が参考になるだろう。

　ハイデガーによれば、道具は指示（Verweisung）という性格をもち、「それ自身として常に他のものへの指示において、指示として出会われる」（Heidegger 1979, 252: 二三四）のであった。例えば、チョークは、「黒板に書くために」あるものとして、黒板や黒板消しなどの他のものと指示し合っているだけではなく、使用者の目的であるところ（Worumwillen）からも規定されている。

　チンパンジーも道具を用意し用いたり、他のチンパンジーを助けたりする以上、何らかの目的を有して行動している、つまり「〜のために」行動をしていることは確実といえるだろう。しかし、「レベル3道具」が限界という事実

は、ヒトが道具を「～するために」あるものとして理解しているようには、チンパンジーは道具を理解していないことを示している。第3章1（5）で考察したように、「二重の否定」の体系における物語文〈始まり〉→〈終わり〉によって構成された機能において他の道具とは異なる機能を持つものとして規定されていることを理解することによって、ヒトは道具を「～するために」あるものとして用いることができるといえる。さらに、トンカチを適切に使用するためには、釘や木材についての実践的知識も有していなければならなかったように、実践的知識は単独ではなく、ネットワークをなしている。

以上のような、そのもとで道具を理解し用いることを可能にする、物語文から構成された実践的知識を有することを可能にするのが物語ることであり、「距離を空ける」ことであると、本書では主張してきた。例えば、トンカチを用いるための実践的知識の内には、釘や木材についての実践的知識が含まれていることが明らかとなったが、それぞれの実践的知識はそれぞれを実際に用いることを見たり、自分で使用したりした結果〈終わり〉に着目し、〈始まり〉から〈終わり〉への変化をもたらすものとしてその道具を理解することによって生成されたといえる。そして、そのような物語ることを可能にするのが、「距離を空ける」という働きであった。それゆえ、物語文から構成された「二重の否定」の体系において、ある道具を指示の連関において使用することができるのは、ヒトのみが「距離を空ける」ことができるためである。

以上の考察から、最大限好意的に見ても「レベル3道具」までしか道具を使用できないのなぜかという**［チンパンジーの非能力3］**についての問い（**問い①-2-3**）への応答は、チンパンジーは「距離を空ける」ことができないことによって、複雑なネットワークからなる実践的知識のもとで道具を用いることができないために、ヒトのようには複数の道具を連関させて用いることができない、となるだろう（**応答①-2-3**）。

（4）なぜ、チンパンジーは誤信念課題に正答できないのか

ここまでの考察を経ることで、なぜヒトの三歳児は正答することができる誤信念課題にチンパンジーは正答できないのかという［チンパンジーの非能力4］についての問い（問い①-2-4）に応答できるようになる。誤信念課題について復習しておく。

男の子と女の子がいます。

女の子はピクニックに行こうと思って、ジュースをかごに入れて部屋に入ってきました。ジュースを冷やして持って行きたいと思ったので、冷蔵庫にジュースを入れて、かごを横へ置いて、その部屋を出ました。

次に、男の子がその部屋へやって来て、お腹がすいたんでしょうね。冷蔵庫を開けたら、そのジュースが冷えている。「あ、このジュースおいしそうだな」と思って、ジュースを飲もうと思ったのだけれど、「あ、コップがないや」と思って部屋を出ました。

女の子がまた入ってきました。「あ、ジュースが十分冷えているな」「さあピクニックに行こう」ということで、ジュースをかごに移しました。そこで、服を着替えるために、またいったん部屋を出ました。

男の子がコップを持って帰ってきました。男の子はどっちへ行くでしょう。冷蔵庫へ行くかな？　かごのほうへ行くかな？

もしもこうした場に、自分が居合わせた場合を考えてみよう。その場に居合わせた場合、冷蔵庫へ向かう男の子を黙って見ているのは少し不自然であり、「そこ（冷蔵庫）の中にジュースはないよ」や「ジュースはかごの中にあるよ（でも、それは勝手に飲んでいいのかな）」などと助言するというのが自然なのではないだろうか。我々はその男の子の意図（ジュースを飲みたい）とそれに基づいた行為（冷蔵庫に向かう）を理解したうえで、その行為によっては男の子の意図は実現しないことがわかるがゆえに、そうした助言をするのだといえる。

以上の確認を踏まえてこの問題を考えるにあたって、まず注意しておきたいのは、「我々ヒトはその子の立場になって考えることができる」、あるいは、「その子からどのように見えているのか想像することができる」という方向の回答をする必要がない、ということである。無論ヒトの大人には「その子の立場になって考えること」や「その子からどのように見えているのか想像すること」も、しようとすれば可能ではある。しかしながら、あえてその子の立場に立とうとしなくても、早朝に電車に乗っているサラリーマンらしき者を見て「出勤中」とみなす場合と同様に、その子の意図を見出すことはいわば「透明に」なされうるのである。つまり、誤信念課題へ正答することは、サラリーマンの出勤の例と同様に、その男の子の意図を物語文という構造を有する実践的知識（冷蔵庫に行くことで、ジュースを飲むことができる）のもとで理解することによってなされるといえる（応答①-2-4）。

しかし、サラリーマンの出勤の例とは異なる点も存在する。サラリーマンの出勤の例では、〈始まり〉と〈終わり〉とが「二重の否定」によって規定されるという仕方で、具体的に明確化されていない仕方で意味が規定されていた〈始まり〉としての自宅も、〈終わり〉としての会社も具体的には知らない）のに対して、この誤信念課題では、それまでの経緯を知っていることによって、男の子の有する実践的知識（冷蔵庫に行くことで、ジュースを飲むことができる）が具体的に明確化されている。さらに、一連の出来事を眺めている我々は、男の子の有する実践的知識を理解したうえで、それが誤っており、その「ジュースを飲む」という〈終わり〉（目的）を実現するためには、冷蔵庫ではなくかごへ行かなければならないということを知ってしまっている。以上を図示すれば、次頁の図3-5となる。

この誤信念課題で我々が男の子の誤った信念に気づき助言する際には、図3-5のような二種類の実践的知識のもとで「透明に」二種類の〈終わり〉を見て取っているといえる。男の子にとっては、実際に冷蔵庫に行ってジュースが見つからないときや、我々にジュースの場所を教えられたときに、〈終わり〉を要素とする物語文によって構成されている実践的知識が修正される際に、それらが前景化されることになる。そして、もしかすると、修正する必要が生じた理由について思いを巡らし、女の子の存在に気づき、ジュースを無断で飲もうとするのをやめるかもしれない。

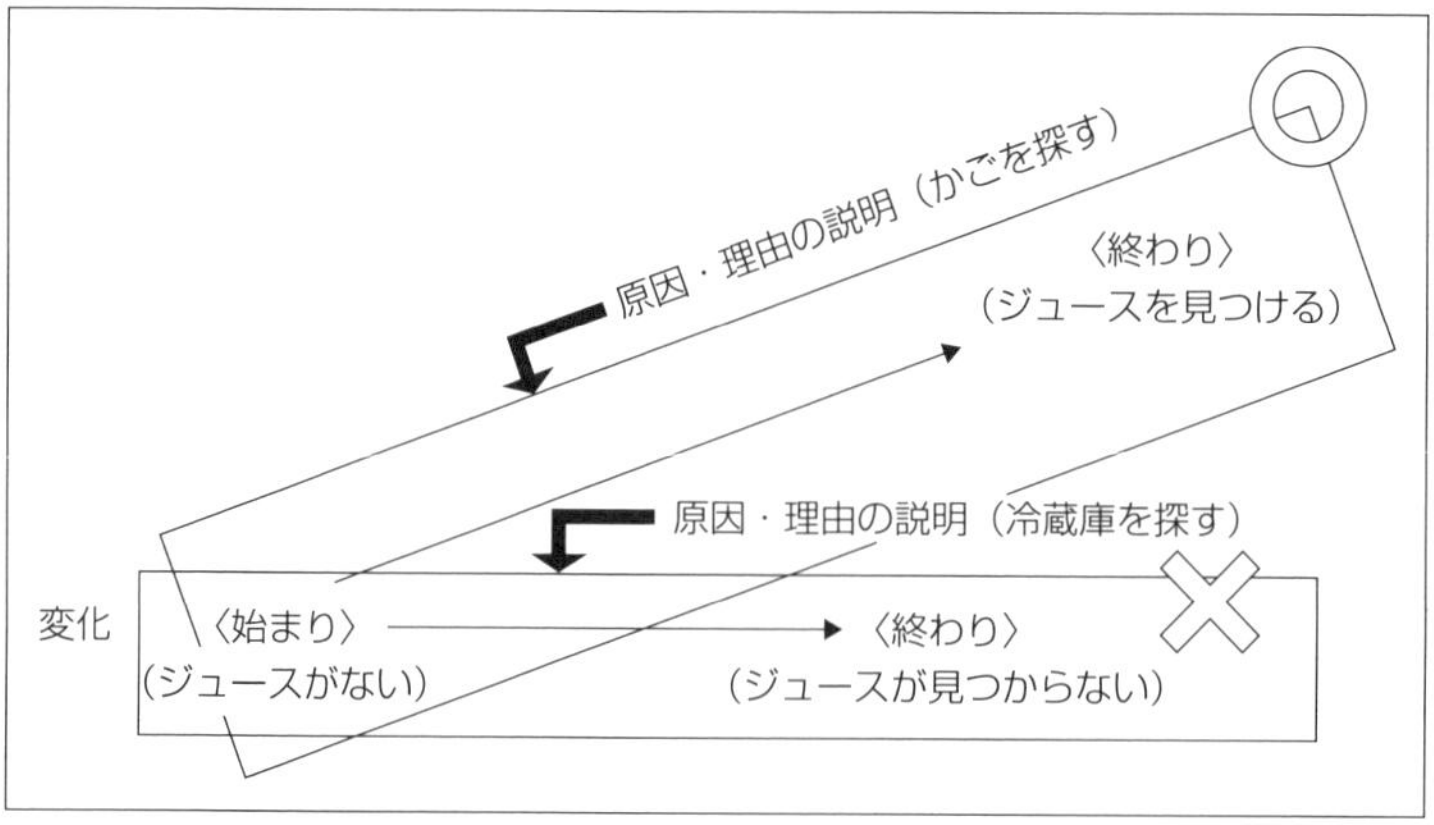

図 3-5 「冷蔵庫に行けば、ジュースを飲むことができる」という誤った実践的知識と、「かごへ行けば、ジュースを飲むことができる」という正しい実践的知識

（5） なぜ、チンパンジーは意味を理解できないのか

本節の最後の問いとして、ヒトであれば、赤い色のカードと「赤」という文字の関係を理解した場合、反対に、「赤」という文字を見て、赤色のカードを選ぶことができるのに、チンパンジーの場合、赤い色のカードを見て「赤」を表す図形文字を選ぶことができるようになったとしても、「赤」を表す図形文字を見て赤い色のカードを選ぶことはできないという **［チンパンジーの非能力6］** についての問い（問い①-2-6＝問い④-1）に応答したい。

まず指摘したいのは、チンパンジーが強いられたような特殊な条件では、ヒトであっても「赤い色のカードと「赤」という文字の関係を理解した場合、反対に、「赤」という文字を見て、赤色のカードを選ぶことができる」とは必ずしもいえないということである。まずは、この点を確認しておこう。

様々な色のカードが用意されている状況で、選ばれたカードの色を言うというゲームを想像してみよう。そもそも、ある色のカードが提示されたからといって、何を言うのか、何をするのか、ということは、必ずしも限定されていない。そのゲームのルールによっては、赤のカードを見て、「赤」と言うというルールのゲームもあれば、赤のカードを見て、その場から立ち去る、というルールのゲームもあるだろう。赤のカードを見て、「赤」と言うべきであるというルールがまず学ばれなくてはならない。そして、赤のカードを見て、「赤」と言うべきであるというルールが学ばれた後でも、「赤」と言われたときに、何をすべきであるのかは、全く規定されていないため、「赤」と言われたときに何をするべきであるのかを改めて学ばなければならないだろう。[10] 以上のことは、**【チンパンジーの非能力6】**を確認した際、「ヒトであれば、赤い色のカードと「赤」という文字の関係を理解した場合、反対に、「赤」という文字を見て、赤色のカードを選ぶことができる」と無造作に述べたことが間違っていたことを示している。

それでは、チンパンジーとヒトの違いは何であるのだろうか。一見したところ、赤い色を見る→「赤」を表す図形文字を選ぶ、という図式は、本書で提示してきた物語文と同型であるようにも思われる。図形文字の習得以外にも数々の実験（例えば、〈始まり〉（あるボタンを押す）→〈終わり〉（エサが出てくる））から、チンパンジーやそのほかの動物であっても上の図3-6のような仕方で世界を理解することができるといえる。そして一見すると、**図3-6**で示された構造は、ヒトが理解する物語文とそれによって構成されている実践的知識の構造とよく似ている。しかしながら、ヒトの場合、カードの色を言うというゲームに適切に参加することは、そのゲームのルールを理解することによって可能となる。そしてそのようなルールの習得は、次頁の**図3-7**のような物語文によって構成されている実践的知識として描くことができるだろう。

チンパンジーと異なるのは、ヒトの場合、別の〈終わり〉ではなく、この〈終わり〉へと変化させるように統制するルールを理解していることである。そのようなルールを理解・習得する場面を具体的に思い描いてみよう。例えば、当初そのゲームのルールを誤解し、「赤のカードを見たときには、その場から立ち去る」と理解している子どもは、赤のカードを見たときに、その場から立ち去ろうとするだろうが、カードを見せた者はそうした行動を止め、「赤」と言うのだと

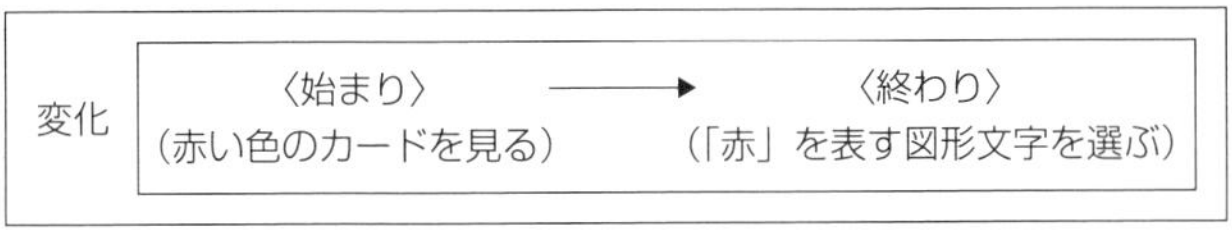

図3-6　チンパンジーが赤い色のカードを見て「赤」を表す図形文字を選ぶ

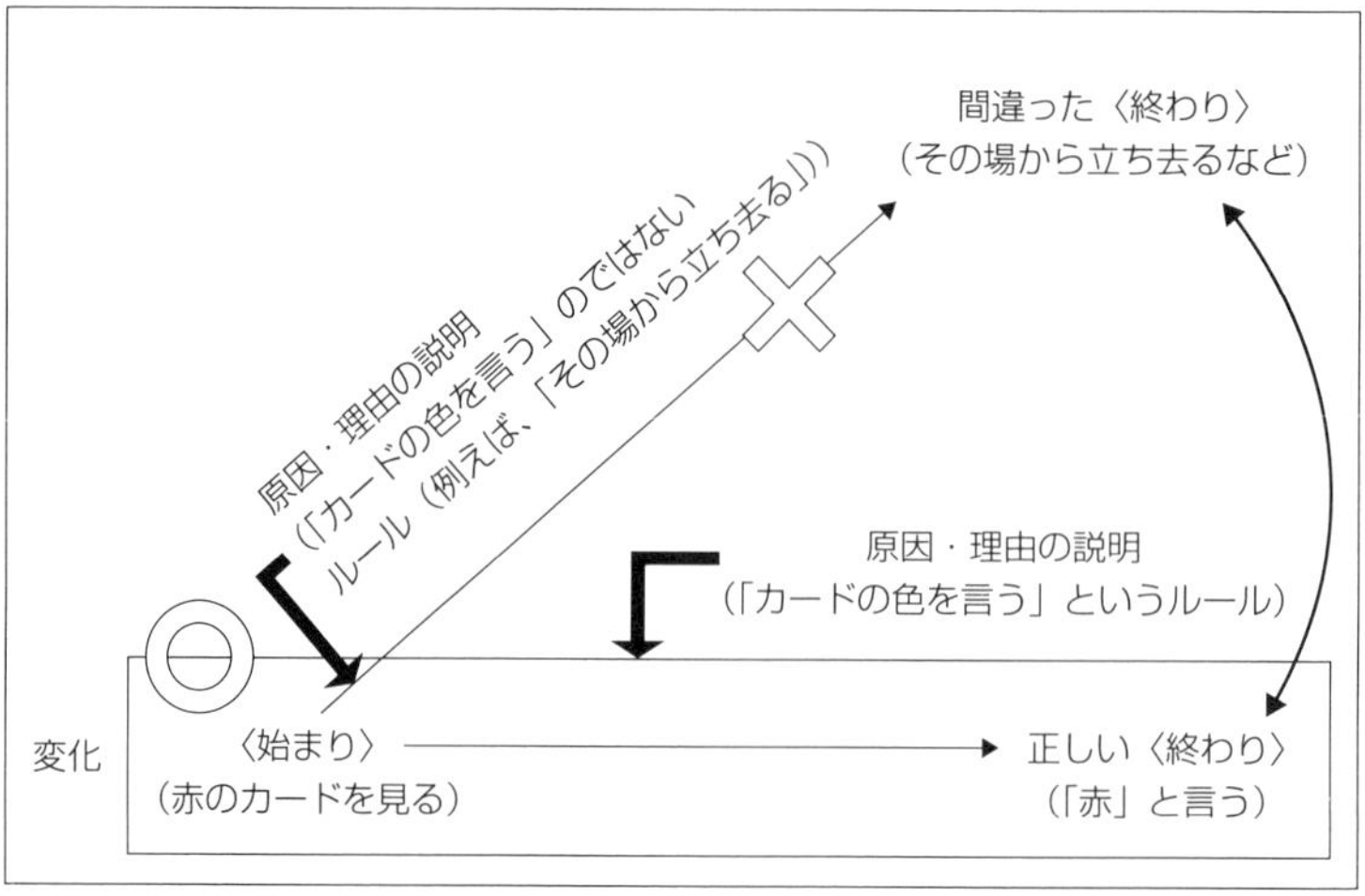

図 3-7 「カードの色を言う」ゲームのルール

教えるだろう。このような場合、当初想定していた〈終わり〉（図3-7内での間違った〈終わり〉）の実現が「否定」されることによって、子どもは新たな〈終わり〉に着目し、そこから「距離を空け」、〈始まり〉から正しい〈終わり〉への変化を物語ることから、適切なルールを形成することが要請されるのである。

赤のカードを見て「赤」と言う（「赤」を意味する図形文字を選ぶ）ことは、ヒトにもチンパンジーにも可能である。しかしながら、ヒトの場合は、そこにルールを見出し「赤」と言うのに対して、チンパンジーにおいてはただ〈始まり〉（例えば、「赤のカードを見る」「ボタンを押す」）→〈終わり〉（「赤の図形文字を選ぶ」・「エサがもらえる」）という順序を覚えているだけであるといえる。つまり、別の〈終わり〉と対比してこの〈終わり〉が着目されたうえで、〈始まり〉から別の〈終わり〉ではなくこの〈終わり〉へと変化させるための規則・ルールが見いだされることがないのである。

以上のようなチンパンジーが図形文字を覚えるというような実験の状況は、ヒトが言語を習得する局面から、大きくかけ離れており、そこで理解されたルールもヒトが理解し用いている言語のありようからは乖離しているといえる。ヒトの子どもが赤い色を「赤」という語と結びつけて学ぶのは、例えば「赤いのとって」という発言で赤鉛筆をとってもらえたことを通してである（その際に、その子どもが黄色（赤色ではない色）だと考えている色鉛筆が出てきた場合は、当初の「赤」という意味が否定・修正されることになる）。また同じ子どもが、青空を見て、「赤いね」と言ったときには、「いやあれは青というんだよ」などと否定され、夕焼け空を見て「赤いね」と言ったときには「そうだね」などと肯定されることを通してである。

ヒトの子どもは、以上のような無数の経験を通して、赤いものを見て「赤」と言うことと、「赤」と言うことによって赤いものを指示することを別々に学ぶのであり、赤いものを見て「赤」と言うことを学ぶのと同時に、「赤」と言うことによって赤いものを指示することを学ぶわけではないのである。

以上の議論を踏まえて、ヒトとチンパンジーの意味の理解の違いを指摘しておこう（厳密に言えば、チンパンジーはヒトの理解している意味を理解しているわけではないのだが）（**応答①-2-6＝応答④-1**）。第一に、**図3-6**で示された構造は、決定的な点で、物語文とは異なるという点である。物語文とは、〈始まり〉と〈終わり〉との継起をただ記憶することではなく、その変化の理由を物語ることであった。そしてそれが可能であるためには、〈終わり〉に着目し、そこから「距離を空ける」ことによって、実際の〈終わり〉と〈終わり〉ではない可能性とを比較できなければならなかった。そしてそのように物語ることが可能であることによって、想定していた〈終わり〉が実現しなかった際に、当初の物語としての意味を「否定」し、修正することによって、規範的な意味へと漸進していくのであった。

第二に、チンパンジーは、「二重の否定」において、〈始まり〉→〈終わり〉を理解しておらず、単線的に理解していると考えられる。つまり、「「赤ではない色」ではない色」という仕方ではなく、「赤い色のカード」と「赤」を表す図形文字とが一対一で対応している。ある色を見る→「その色」を表す図形文字を選ぶということを繰り返し訓練していけば、結果として、ヒトが理解しているのと同程度の色の体系を覚えることはできるかもしれないが、それは「二重の否定」によって囲まれているわけではなく、〈始まり〉→〈終わり〉の積み重ねでしかないのである。それに対して、ヒトにとっての意味は、一度習得された意味が「否定」されることを通じて、「二重の否定」の体系として規定されているために、ヒトにとっての「赤」はあるカードの色と一対一で対応してはおらず、「赤っぽい赤」から

「赤っぽくない赤」までのグラデーション（幅）があるのである。

（6） チンパンジーたちの生きる世界

本章の最後に、チンパンジーなどの動物から世界がどう見えており、世界をどのように解釈しているのかについて考えてみたい。我々はヒトである以上、チンパンジーなどの動物から世界がどう見えているのかをヒトの言葉で語ることには限界があるが、あえて比喩的にいえば、次のようにいえるかもしれない。ヒトであってもある物事に時間を忘れて没頭することはあるだろう。あるいは、衝撃的な出来事に面したとき、何も考えられない状態に陥ることもあるだろう。しかし、ヒトであればそうした没頭から覚め、没頭していた内容について客観的に考えることができる。また、衝撃的な出来事に面したときは思考停止に陥っても、その瞬間が過ぎれば、その物事を説明しようとすることができる。例えば、突然、道端で知らない人に怒鳴られたという場面を想像してみよう。当初はなぜ自分が怒鳴られているかを理解できず、ただ茫然とするしかないかもしれないが、後で振り返って見たときに、その理由を検討することはできるだろうし、その検討によって「知らないうちに自分が彼の足を踏んでしまったから」などと意味づけることができるかもしれない。そうしたことができるのは、本書で論じてきたように、ヒトには「距離を空ける」ことができるために、〈終わり〉（例えば、「怒鳴られること」）に対して、〈始まり〉（例えば、「怒っていない状態」）を想定し、その変化の理由（例えば、「足を踏んだから」）を思考し物語ることができるためといえる。

以上のような、我々が何かに没頭したり茫然としている状態は、チンパンジーたちの生きている世界をイメージするための一助となるだろう。とはいえ、やはり比喩でしかないともいえる。というのは、チンパンジーの没頭している世界が意味付けられていないのに対して、ヒトはすでに意味付けられた世界へと没頭しているためである。いわばチンパンジーたちは、生まれてからずっと没頭し、一度も「距離を空け」ていないのであり、だからこそ物語ることで物事を説明することもできず、それゆえ物事をある意味において理解することもしていないのに対して、ヒトがある状況に没頭しているときは、確かに「距離を空ける」ことは作動していないが、それでも世界から意味が欠落しているわけではないのである。

それでは、チンパンジーがヤシの実を割る際の道具の使い方を覚え、それに習熟していく過程——一見したところ「学習」といっても良いように思われる過程——をどのように考えればよいだろうか。ヒトの子どもが、スポーツに熱中している際に、知らないうちに身体的なコツを覚えていくという状況や、半人前の職人が親方のやり方を見て徐々に自分なりのコツを見出していくという状況が手がかりとなるように思われる。そのような身体的な技術を向上させる際には、「言葉による説明」は必ずしも上達にとって必要とはいえず、「実際に見てやってみる」「やってみてうまくいく／うまくいかない」というような言語化されえない学びが必要であると思われる。このようなヒトが適切な身体の動きを覚える際と同様に、チンパンジーたちも、たとえ「距離を空ける」ことができなかったとしても、自身の体の動かし方を洗練させていき、より適した仕方で目的を達することができるようになる、ということはありえるだろう。

注

（1）すでに筆者は、認知言語学の知見について論じたことがある（木村 二〇二一 a；木村 二〇二二）。また、本書で用いられる「体系」についての洞察は、現代言語学を創始したソシュールが、「言語には差異しかない」、「言語がふくむのは、言語体系に先立って存在するような観念でも音でもなくて、ただこの体系から生じる概念的差異と音的差異とだけである」（ソシュール 一九七二、一六八）と述べるような洞察に負うところが大きい（丸山編 一九八五、六八以下）。

（2）この子どもの理解が、我々に奇妙で面白く聞こえるのは、我々がそれぞれの物（アヒルのオモチャとお風呂）は区別され、それぞれに名前が付いていることを自明としているためであるだろう。つまり、この例のおかしさは、アヒルのオモチャとお風呂それぞれに名前がついているという当たり前の事実をまだ学んでいない子どもの理解の幼さに対するものといえる。しかし、我々の言語の意味を慎重に再検討してみれば、この子どもの理解はそれほど奇異ではないことがわかる。例えば「お風呂に入る」という場合の「お風呂」という語はただ湯舟だけを意味しているわけではなく、その中に貯められたお湯に入浴するということを意味しているし、さらにはお風呂場の様々なものや、それらで体を洗うことなども意味している。

（3）アヒルのオモチャの例では、お風呂に浮かんでいるアヒルのオモチャについて、自他が「アヒル」と発言している限りは、その誤解は露呈しないが、お風呂から出されたアヒルのオモチャや本物のアヒルについてその子どもが「アヒル」と言わなかったり、大人が「アヒル」と言ったりすることを通じて、誤解は露呈され、それまでの理解が「否定」されることになるといえる。

（4）「二重の否定の体系における二重の否定」としての意味のあり方は、認知言語学において指摘されているように、典型的な赤を挙げることはできるが、「赤」そのものを挙げることはできないことによっても裏付けられる（大堀 二〇〇二、三二以下；西村・野矢 二〇一三、七三）。例えば、「ヒマワリ」という意味は、「「ヒマワリではない花」ではない花」」として成立しているために、「ヒマワリっぽいヒマワリ」「ヒマワリっぽくないヒマワリ」「ヒマワリとはいえない花」はあるものの、「ヒマワリそのもの」であるような花は存在していないのである。

（5）筆者は、ダントの物語文について、アーレントの『人間の条件／活動的生』における物語論についての問いに応答するという形で、マッキンタイアの物語論を絡めながら論じたことがある（木村 二〇一八a；木村 二〇一九a；Arendt 1958; Arendt 1967）。

（6）素人と専門家の違いとは、道具の専門化と連動している。例えば、大工や料理人は、素人から見れば、不要と思われるほどの多様な道具、つまり用途の特化した道具を使用する。それと連動して、例えば、木村家ではトンカチで凝った肩を叩くという用法は容認されても、厳しい職人の世界では、それは否定されるということもあるだろう。

（7）本書の道具に関する洞察は、大工の道具や仕事場とは異なった、現代のテクノロジーのあり方の解明にも寄与するだろう。例えば、パソコンやスマートフォンは、一つの道具であると言えなくはないが、その機構のすべてに通暁しなくても意のままに使用することができ、それを機能させるための電力の発電やその供給については大規模な施設を必要としており、それを維持するためにも多くの作業員の労力が必要とされる。このように現代のテクノロジーにおいては、指示が極度に複雑化・大規模化しているといえるが、従来の道具との違いは、従来の道具はその指示の連関に通暁することによってその道具を適切に用いることができたが、現代のテクノロジーは、その指示の連関に通暁しなくても、一見したところそのもの（例えば、電灯のスイッチ、原子力発電所）

を意のままに扱うことができる（かのように思われる）ことである。この問題については、本書では主題的に論じることはできないが、筆者は別所で論じたことがある（木村 二〇一七ａ）。

（8）ここまでの本書の考察は、「意味」と「規則」とが同一の構造を有していることを示すものといえる。一般に、意味と規則とは、水と油とまではいわないまでも、異なったものとして理解されているだろう。しかしながら、規則とは本書で論じてきたような、意味の構造と同様の構造を有していると考えられる。例えば「廊下は走ってはいけない」という規則は、〈始まり〉〈教室にいる〉→〈終わり〉〈校庭にいる〉という物語文における変化を引き起こす際に、「歩く」ことは許可するが「走る」ことを禁じているのである。しかしながら、どのようなルートでどのようなペースで歩くのかまでは禁じてはいないし、もしかするとスキップすることも禁じてはいないかもしれない。それゆえ、「「走るのではない徒歩での移動（例えば、「歩く」「スキップ」など）」ではない徒歩での移動」を禁じているという仕方で、「二重の否定」によって囲まれている。

　以上の規則が意味と同一の構造を有するという指摘は、むしろ反転して捉えたほうが理解しやすいかもしれない。というのは、規則が「二重の否定」と物語文という構造を有するというのは、まだ一般的に理解しやすいと思われるためである。本書の考察の独自性は、意味を二重の仕方で解体し、規則と同様の構造を示すところにあったといえるだろう。

　このような本書における意味の理解は、ウィトゲンシュタインが『哲学探究』で提示した「言語ゲーム」というアイデアを、別の文脈から具体化したという性格を有するといえる。筆者はウィトゲンシュタインの研究者ではないし、本書でウィトゲンシュタインの思想について主題的に検討することはできないものの、本書の思索の導きの糸の一つは、ウィトゲンシュタインであったといえる。

（9）ここでの考察は、意味の中に階層性がある、という主張であるかのように思われるかもしれない。例えば、「サラリーマン」はその構成要素としての「出勤」や「デスクワーク」、「出張」、「営業」などから構成され、さらに「出勤」はその構成要素としての「自宅（家）」や「会社」、「電車」や「徒歩」から構成される、という階層性が存在しているようにも思われる。しかし、本書で詳細に検討することはできないものの、現時点で筆者はそのようには考えていない。

　筆者の暫定的な立場は、意味同士は階層性をなしているのではなく、個別の経験に根ざして習得された意味がネットワークを形成しているという立場である。例えば、一見すると「色」という意味は、個別な「赤」「白」「緑」などを包括する上位に位置づけられる、と考えたくなる。しかしそうではなく、「色」と「赤」「白」「緑」とは、ネットワークにおいて近接な関係にある、と考えたい。例えば、「赤」「白」「緑」しか具体的な色を知らない者が、「青」や「黄」を知ることによって、「色」の内実はより豊かになるが、それは「色」という領域があり、その内が、「赤」「白」「緑」だけで区分されている状態から、「赤」「白」「緑」「青」「黄」によって区分されるということではなく、「青」と「黄」の学習とは、「色」が「赤」「白」「緑」とだけ近接である状態から、「青」「黄」とも近接な状態となることとして捉えるべきではないだろうか。本書で提示した「二重の否定」とは、一見したところ、「色」の内が互いを「否定」する様々な色によって区分されている、というイメージで捉えられるだろうが、そうではなく、「色」は、「赤」「白」「緑」「青」「黄」と近接であるが、例えば、「硬い」「柔らかい」とは遠くにあるのである。そして、意味はネットワークにおいて成立するために、近接な関係にある意味が修正・追加された場合、それ以外の意味の内実も変更されることになるのである。

本書で考察した意味を習得・修正する過程や、ヒトの脳の構造を考えると、以上のように考えるのが妥当であると思われるが、その論証を本書で行うことはできないため、筆者の課題としたい。ただ、付言しておけば、意味を階層的なものとして考えがちである傾向、例えば「色」の下位に「赤」「白」「緑」「青」「黄」などがあり、さらに「赤」の下位に「朱色」「緋色」などがあると考えるのは、ヒトの思考にとって「視覚」が重要性を持つために、二次元的に制約されやすいことを示唆しているように思える。例えば、パソコンの画面は基本的に二次元的に構成され、フォルダの内にフォルダを作っていくという階層的な構造をなしているが、パソコンのシステムがそうした構造を採用しているのは、そうした二次元的な処理がヒトの一般的な脳にとって負担が少ないためであると思われる。そして、ヒトが意味を階層的なものだと考えがちであり、しばしばそのように整理されてきたのは、以上のようなヒトにとって自然な思考の習性によるのではないだろうか。

(10) 例えば、サッカーの試合において審判から赤い紙（レッドカード）が出されたときに退場せず、「赤」と発言する選手は、サッカーのルールを理解していないとみなされるだろう。また、赤い紙を提示されたら試合から退出しなければならないというルールを学んだ後であっても、（例えば怪我によって）試合から退出するときに赤い紙が提示されるわけではない。

第4章　権威ある〈他者〉からの学び

本書のここまでの考察では、意味が物語文という動的な構造を有しながら「二重の否定」の体系において成立しているという立体的な構造を有することを明らかにした。さらに、そのような意味の習得においてしばしば生じる誤解が、当初の意味が他者によって「否定」され、修正されることによって、その文化における規範的な意味へと整形されていくことが明らかとなった。また、第3章3（2）では、チンパンジーには「教える／教わる」ことができないのに対して、ヒトは子どもや他者に「教える」ことができるのはなぜかという問い（問い①-2-2）に応答した。

しかしながら、我々がサラリーマンらしき者には意図を読み取るのに対して、路傍の石には意図を読み取らないのはなぜかという「他者の問い」（問い⑤）についてはまだ応答できていない。例えば、本書で何度か検討した親が子どもに花の名前を教える例で、親が「銀木犀だよ」と言う前に風が吹いて、その音が偶然「ギンモクセイ」と聞こえたという場面を想定してみよう。この場合、たとえその風の音がどんなに「ギンモクセイ」と聞こえたとしても、普通子どもは風が自分に教えているとは考えないだろう。それが親は〈他者〉であり、風がそうではないからだとすれば、〈他者〉とはいかに成立するのかが問われなければならない（問い⑤-1）。

第3章までの考察によって、意味一般とは、他者の「否定」によって整形された、物語文という動的構造を有する「二重の否定」の体系において規定されていることが明らかになったのだが、しかしその際、意味の理解の完了や意味の暫定性の隠蔽はいかになされるのかという問い（問い④-4）が提起されていた。お父さんの写真を見て「お父さん」という語を写真の意味で理解した子どもの例において、父親の写真について「お父さん」と言っている間は、

「「お父さん」＝写真」という誤解が露呈せず、それゆえ「否定」されなかったことを思い出そう。ここで指摘しておきたいのは、こうした誤解の可能性は学習過程にある子どもに特有のことではなく、成人している我々であっても、同様であるということである。つまり、我々は「父」や「机」、「赤」という意味を理解していると自認しているが、その理解が実は規範的な理解と「ずれ」ているという可能性は残り続けているのであり、次にその意味を用いた場合に、既存の意味の理解が「否定」されるかもしれないのである。しかし、我々（大人）にとってそのような可能性は普段隠蔽され、我々は「お父さん」とは何かを理解しきっていると自認している。このことは、言葉を学び始めた当初は曖昧で自信がなかった理解が、（実は暫定的であるにもかかわらず）「わかった」（意味の理解の習得が完了した）とみなされる時点があったということである。このような「完了」といういわば錯覚がどのように成立するのかを明らかにしなければならない。

さらに、以上のような大人の理解の暫定性が隠蔽され、学習過程の者にとって、その知を有する者として、いわば権威のある者として現れているのはなぜかという問い（問い④-5）も提起されていた。例えば、子どもに教える場合、教える者が年長の教師であるのか子どもと同年の者であるのかによって、全く同じ内容を教えたとしても、その効果は大きく異なるだろう。さらには、同じ教師であっても、生徒がその教師の一挙手一投足に集中しているような教室と、学級崩壊が起こっている教室では、同じ仕方で同じ内容を教えたとしても、その効果は異なっているだろう。

1 〈他者〉の成立

本節では、社会学者の大澤真幸が提起する「求心化―遠心化作用」という働きを確認したうえで（第4章1（1））、その「求心化―遠心化作用」を「距離を空ける」働きから捉え直し（第4章1（2））、〈他者〉がいかに成立するのかについて応答したい。

（1）〈他者〉は「求心化─遠心化作用」によって生成する

ヒトにとって「目が合う」という局面は、特別な意味を持っているといえる。親密な関係であれば、親愛の表現となるかもしれないが、多くの場合、気恥ずかしさや気まずさを感じるだろう。例えば、見知らぬ人と目が合った場合は、すぐに目をそらすのが普通であるだろうし、互いに目をそらさず見つめ合う場合、いわゆる「ガンをつける」となり、敵対的な意志を示しているとみなされるのではないだろうか。しかしながら、同様のことは、ほとんどの場合、路傍の石に対しては、起こらないわけである。つまり、路傍の石に対しては、いくらこちらが一方的に見つめていたとしても、相手（路傍の石）も自分を見つめているという感覚はほとんどの場合起こらないし、そのことによって気恥ずかしさや気まずさは感じず、無論、敵対的な意志の表現であると理解されることもない。このような現象を解明するために、大澤の「第三者の審級」論を参照したい。

大澤の「第三者の審級」についての議論を成り立たせている根底には、彼がメルロ＝ポンティやエマニュエル・レヴィナスらの分析を手がかりに構築した、原初的な身体観がある。[1] 大澤は、我々がある内容を志向する際、その志向作用には相反する方向性がもともと備わっているとし、「その対象を、私の近傍の内に配備」（大澤 一九九四、六八）し、その結果「こちら」に求心点としての「自己／私」を結実させる作用を「求心化作用」と呼ぶ。それに対して、「求心化作用」と連動し、〈あちら〉に遠心点としての〈他者〉を結実させる「心の内の対象が私から遠隔化していく作用」（大澤 一九九四、六八）が「遠心化作用」と呼ばれる。

だから、心の所有者が対象を捉えるとき、そこには、二つの作用が、同時に働くのだ、と考えなくてはならない。第一に、心の内に対象が確保され、それが認識されたり働きかけを受けたりする、ということは、すでに述べたように、その対象を、私の近傍の内に配備する、ということである。［……］第二に、心の内の対象が私から遠隔化していく作用が、心の内部の対象を捉える作用に連動するのである。遠隔化する作用は、私にとって対象となっているものに、私とは異なる固有の心の帰属場所を、つまりもう一つの能動性を、発見させるのだ。前者の、対象を私の近傍に配備する作用を「求心化作用」、後者の、もう一つの能動性へと遠隔化する作用を「遠心化作用」と、それぞれ名づけることにしよう（大澤 一九九四、六八）。

この「求心化―遠心化作用」を筆者なりに解釈してみたい。この「求心化―遠心化作用」が作動する局面とは、職人が自分の手足のように自在に道具を使用し素材を加工するという局面や、他者とスムーズにコミュニケーションがとれているなどの局面ではないだろう。そうではなく、道具との適切な関わりに支障が生じたり、あるいは、他者と無言で対面し、見つめ合うというような局面だろう。その際、我々は適切に道具を用いていたときや順調にコミュニケーションが成立していた時とは性格を異にする「居心地の悪さ」を感じるのではないだろうか。その「居心地の悪さ」とは、他者の眼差しの〈向こう〉には、「こちら」には現れず、それゆえ意のままにもできない者が存在していること、そしてまた〈その者〉から「こちら」が見られていることによるものといえるだろう。

以上のような〈他者〉と対面する局面が、「求心化―遠心化作用」が作動する典型的な局面であると思われるが、注意しなければならないのは、大澤はこの作用が作動する局面を必ずしも一般に他者と呼ばれる存在との対面に限定していないことである。大澤が注目している、メルロ＝ポンティの『眼と精神』において引用される、アンドレ・マルシャンの森についての記述に着目したい。それは、マルシャンが森の中で森を見ているとき、自分が森を見ているのではなく、森が自分を見つめていると感じた、という経験である（メルロ＝ポンティ 一九六六、二六六）。このことは、森という一般的には他者とはいえないものであっても、「求心化―遠心化作用」が作動することによって、〈他者〉と化し、それに対してあることに「居心地の悪さ」を感じることがあることを示している（先ほどは、路傍の石を見つめても、気恥ずかしさや気まずさを感じないと述べたが、長時間見つめ続けた場合は、そうした感覚を持つことがあるかもしれない）。

「求心化―遠心化作用」とは、あるものに注意を集中することによって、そのあるものの〈向こう側〉と、そしてその〈向こう側〉から眼差される「こちら側」としての「私」を見いだす作用といえる。また、一般的に他者といわれる者との出会いのすべてで、「求心化―遠心化作用」が作動しているというわけでもないだろう。例えば、高いビルから眺められた群衆、あるいはコンビニエンスストアの「店員」などは、一般的な意味では他者といえるが、「求心化―遠心化作用」が作動しない場合が多いのではないだろうか。それゆえ、「求心化―遠心化作用」は必ず他者とのあらゆる出会いの場面で作動するわけではなく、あるいは一般的に他者とはされないものとの出会いの場面であっても作動することがあるといえる。このような他者との出会いは、どのように理解すればよいのだろうか（問い⑤-2）。

以上の「求心化―遠心化作用」が、〈他者〉がいかに成立するのかという問い（問い⑤-1）に対する応答（応答⑤-1）となる。しかし、「求心化―遠心化作用」とは、一見したところ、「求心化作用」と「遠心化作用」という二つの作用が合成されたもののように思われる。あるいは、大澤も「求心化作用」と「遠心化作用」とは同時に働くといっていたように、それらは表裏をなすような同一の働きであるのだろうか（問い⑤-3）。以上の疑問に対して、大澤の議論に内在しながら応答することは難しいだろう。というのは、大澤の議論においては「求心化―遠心化作用」は基底的な働きとして措定されており、その内実に関するさらなる解明はなされていないためである。それゆえ次節では、一つの作用の両側面として働くことを大澤が強調する「求心化―遠心化作用」の構造を、本書で導きの糸としてきた「距離を空ける」という働きから解きほぐすことを試みる。

（2）「距離を空ける」ことから「求心化―遠心化作用」を解きほぐす

先ほどは、大澤の「求心化―遠心化作用」についての考察を参照した。しかし、「求心化―遠心化作用」の構造へのさらなる問いとして、他者と出会っていても「求心化―遠心化作用」が作動しないことがあるのはなぜかという問い（問い⑤-2）と、「求心化―遠心化作用」とは二つの作用の合成なのではないかという問い（問い⑤-3）が提起された。ここでは、「距離を空ける」ことと物語文から構成されている実践的知識としての意味の構造を用いて、上述の問いに応答することを試みたい。

「求心化―遠心化作用」とは、意味づけたある事象の〈あちら〉から「こちら」を見いだす作用であり、意味づけられたもの、現在化されたものを一方では、不可知の〈他者〉や事物として現れさせ、他方ではその意味づけられたものを眺めているものとしての「私」を見いだす作用であった。また、目の前の森に対して「求心化―遠心化作用」が作動し、居心地の悪さを感じる際には、森は「ただの森」としてそこにただ存在することを止め、異様なものと化している。このことからまず、「求心化―遠心化作用」とは、「〜として」意味づけられた事象との通常の関わり方を停止するという性格を有するといえる。

他者と目が合う、一点を凝視するという現象において、大澤の提示する「求心化―遠心化作用」の典型的な作動を認めることができるが、しかし、それは相反する二つの作用の神秘的な合成物であるようにも思える（問い⑤-2）。このような「求心化―遠心化作用」を、本書の主導的な概念である「距離を空ける」という働きから解きほぐしたい。「距離を空ける」とは、あるもの「について」距離を空けることによって、例えば過去の事態や未来の可能性といった別の可能性と、現にあるものとの対比を可能にする働き、そして物語ることを可能にする働きであった。そして、第3章では他者の「否定」を介しながら、このように物語ることにおいて意味が生成することを明らかにした。

日常的に我々は、常に「距離を空ける」ことを作動させているわけではない。すでに第3章で論じたように、物語文から構成されている実践的知識の枠内に事象が収まる内は、実践的知識は「透明」であり、主題的に意識されることはなく、そのため〈終わり〉に対して着目し、「距離を空ける」ことは作動しない。例えば、ダントが挙げたバンパーがへこんでいたという例では、バンパーに特に異変がない場合は、バンパーに対して「距離を空ける」ことは作動せず、それゆえ変化を説明することとしての物語ることも作動しないのである。既定の意味の枠内には収まらない、新奇な出来事や事物と出会った際に、「距離を空け」てそれ「について」物語り意味づけることが必要となる。

以上のような既定の意味において物事が出会われている場合、その物事は物語としての意味において出会われているため、主題的にではないものの実践的知識の内で〈始まり〉と〈終わり〉への関係において出会われているといえる。例えば、「出勤中のサラリーマン」は、〈始まり〉(自宅にいる)から〈終わり〉(会社にいる)への変化の過程において、それらとの関連において出会われているが、その〈始まり〉と〈終わり〉とその変化とは「二重の否定」の体系に収まる限りで、明確化されていないのであった。このことを注意の集中という観点から捉え直せば、あるものが物語としての意味において出会われている場合、我々の注意は目の前にあるそのものだけではなく、不明確な〈始まり〉と〈終わり〉とその変化にも拡散しているといえる。以上の考察から、他者と出会っていても「求心化─遠心化作用」が作動しないことがあるのはなぜかという問い(問い⑤-2)に応答するならば、物語としての意味において他者が出会われている場合、「二重の否定」の体系における〈始まり〉と〈終わり〉とその変化へと注意が分散していることによって、「求心化─遠心化作用」が作動しないためである、と応答したい(応答⑤-2)。

さらにある出来事が既定の意味の枠内に収まらず、「距離を空ける」ことが作動し、新たに物語ることが要請される場合を考えてみよう。「(道端でタクシーを止めるために)手を上げる」という行為の意味をはじめて習得する場面を考えてみるならば、このような場面で物語としての意味においてその事象を理解することが成功する場合、〈終わり〉(タクシーが止まる)が注視されたうえで、過去の今はもうない〈始まり〉(タクシーが走っている)からの変化を「手を上げたから、走っているタクシーが止まった」と説明できるようになったといえる。そしてそのような理解が成立することで、その後タクシーを止めたいと思ったときに、手を上げるという動作を選択することができるようになる。このような意味の習得の局面では明確な〈終わり〉と〈始まり〉へと注意が向けられているため、出来事が既定の意味の枠内に収まる場合以上に、注意は分散しているといえる。

以上の考察を踏まえて、「求心化─遠心化作用」が作動する局面、例えば典型的であると思われる他者と視線が合うという場面を捉えるならば、そこでは「距離を空け」たうえで、別のものへと注意が分散されずに、同じものに対して再帰的に注意がなされているといえるのではないだろうか。つまりあるものに対して「距離を空け」たうえで、別の〈始まり〉や〈終わり〉へと注意が分散することなく、なおもそれだけに注意が集中しているのである。このことは、「距離を空けられたものについて再帰的に関わる」と名指すことができるだろう。

この「距離を空けられたものについて再帰的に関わる」ことは、ただ注意が二重化するということではない。ある者に対してこの「距離を空けられたものについて再帰的に関わる」場合、物語としての意味における〈始まり〉と〈終わり〉への関連が脱落するために、その者の物語としての意味、すなわち「役割・役柄」が脱落すると考えられる。つまり、〈始まり〉（例えば、自宅にいる）から〈終わり〉（例えば、会社にいる）への変化の過程として意味づけられていた「出勤中のサラリーマン（らしき者）」と見つめ合うことにおいては、〈始まり〉と〈終わり〉への関連が脱落することで、「出勤中のサラリーマン」という意味が脱落し、いわばむき出しのその者自体が現れるのである。

以上の考察は、一見したところ二つの作用の合成のように思える「求心化―遠心化作用」を、「距離を空ける」という単一の働きから解きほぐして理解することを可能にする（**応答⑤-3**）。まずは〈他者〉との出会いとしての「遠心化作用」について検討しよう。上述のように、「距離を空けられたものについて再帰的に関わる」ことにおいて、そのあるものは物語としての意味が脱落したうえでなおも現れている。このような物語としての意味に収まらない存在として、意のままにならず、理解しきれない者、それへと関わりながら、関わりきれない者こそが、〈他者〉といえるだろう。そのような〈他者〉においては、「距離を空けられたものについて再帰的に関わること」によって、〈始まり〉と〈終わり〉へと関連づけられることがなくなり、そのもの自体の内にさらに「現れてはこないものとして現れてくるもの」のような〈何か〉が見いだされるのである。

さらに、「求心化―遠心化作用」における「求心化作用」、すなわち〈他者〉の眼差しによって「私」が規定されるというメカニズムをも説明することができるだろう。「距離を空けられたものについて再帰的に関わる」ことにおいては、別の可能性への志向が遮断され、そのものだけに集中しながらそれが意味に収まらないことによって、そのもの〈他者〉と関わっていること自体に強く注意が向けられ、「世界」の内にある「私」が見いだされるのである。そのように見いだされた「私」についてさらに「距離を空ける」こともできるだろう。そのことによって、今の「私」を反省することや、「私」について物語ることが可能となるのである。(2)

2　「第三者の審級」は物語ることによって生成する

第3章では、意味が「二重の否定の体系」において成立しているだけではなく、それが物語文という動的な構造を有すること、そしてそうした「二重の否定」の体系が〈他者〉の「否定」によって形成されてきたことを示した。しかし、第3章2（3）で問い（問い④-4）として提起したように、意味が以上のような機制を有するものであるとすれば、意味の理解には暫定性が残り続けることになるが、我々がそれを自覚していないのはなぜだろうか。再度確認しておけば、お父さんの写真の例において、父親の写真について「お父さん」と言っている間は、誤解（「お父さん」＝写真）が露呈せず、「否定」されないのであり、こうした誤解の可能性は学習過程にある子どもだけではなく、すべての者にとっても同様であるのであった。つまり、この本を書いている筆者であっても、この本を読んでいる読者であっても、「父」や「机」、「赤」という意味の理解は暫定的であり、その理解が実は規範的な理解とずれているという可能性は残り続けているのであり、次にその意味を用いた場合に、既存の意味の理解が「否定」されるかもしれないにもかかわらず、普段そのような可能性は隠蔽されているのである。

本節でまず応答したいのは、以上のような暫定性が隠蔽される機制である。我々は、「父」や「机」、「赤」という意味を理解しきっていると自らをみなしている。無論、学習の途上では、自分の理解が本当に正しいかどうか確信をもてない時期があるだろうし、あるいは、例えば筆者にとっての「相対性理論」や「素粒子」といった概念のように、いまだに「理解しきっている」という確信を持てていない難解な概念もあるだろう。しかし、「机」や「赤」などの我々が日常的に使用するほとんどの概念については、我々は「理解しきっている」と考えている。ということは、子どものころからの学習の過程のある時点において、「もう理解した」という確信に至った時点、つまり本当は暫定性が残っているにもかかわらず、それが隠蔽された時点があったはずである。このような意味の理解の完了や意味の暫定性の隠蔽はいかになされるのかが問われなければならない（問い④-4）。

以上のような一見意味が確定しているかに見えながら暫定性がいつまでも残り続けるということを、鮮明に提示したのが、ウィトゲンシュタイン／クリプキによる「クワス算」の思考実験である（クリプキ 一九八三）。本節ではこの「クワス算」のアポリアを考察することによって、我々の意味の理解が常に暫定的なものにとどまり続けることを示す（第4章2（1））。

さらに、大人の理解の暫定性が隠蔽され、学習過程の者にとって、その知を有する者として、いわば権威のある者として現れているのは、なぜかという問い（問い④-5）が提起されていた。本節では、大澤の「第三者の審級」が「間身体的連鎖」によって成立するという議論を、本書の議論の成果を踏まえて批判的に捉え直すことで、この問いについて応答したい（第4章2（2）、第4章2（3）、第4章2（4）、第4章2（5））。

（1） クワス算が示唆すること

我々の現状の理解はただこれまで「否定」されなかっただけであるにもかかわらず、我々は通常「赤」を理解し得ていると考えているのはなぜかという問い、つまりこのような意味の理解の暫定性が隠蔽されているのはなぜかという問い（問い④-4）に応答するために、ウィトゲンシュタイン／クリプキが提起した「クワス算」という思考実験を参照しよう。

そもそも「足し算」を理解するとはどういうことであるだろうか。例えば、「1＋1＝？」や「2＋2＝？」に、正しい答えを出すことができるからといって、即座に「足し算」を理解していることにはならないだろう。というのは、「１＋１＝２」や「２＋２＝４」をただ暗記しているという可能性が考えられるためである。例えば、「１＋１＝？」を見た場合には二回吠えるというように、こうした暗記をすることは動物であったとしても可能であるだろう。[3]「１＋１＝？」を記憶して、「２」と答えるだけの者や動物の行為は上の図４－１のように描くことができる。

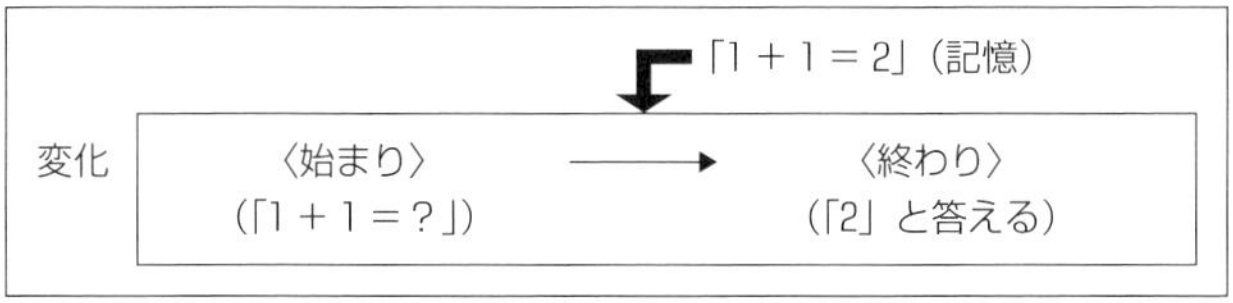

図 4-1　「1＋1＝？」を記憶して、「2」と答える

しかし、「１＋１＝？」や「２＋２＝？」には正答できたとしても、(覚えていない)「１＋２＝？」には正答できない者を、我々は「足し算」を理解しているとはみなさないはずである。『足し算』を理解しているとは、「１＋１＝？」や「２＋２＝？」、「３＋５＝？」……「10＋15＝？」、「101＋102＝？」などの問題に正答できることであり、そのことによって「足し算」の規則を理解しているとみなすのである。

確かに筆者は「足し算」(の規則)を理解していると自認しているし、本書を読んでいる方のほとんどもそうであるだろう。そしてそのような「足し算」(の規則)の習得は、(記憶はおぼろげであるもののおそらく)子どもの頃になされたものだろう。それでは、このような規則の習得はいかにしてなされたのであろうか。

我々が子どもに「足し算」を教える場合、「１＋１＝２」、「２＋２＝４」というように、実際に「足し算」の模範を示すだろう。そして子どもが「足し算」の意味を理解したと我々が信じるのは、子どもが続けて「５＋４」や「68＋57」という計算に、正しい答え(「９」や「125」)を出せるようになったときであろう。あるいは、「８」や「123」などの答えを出した場合は、「足し算」をおおよそ理解してはいるが、計算が間違ってしまったと考えるだろう。それに対して、「68＋57」に対して「11」や「３８７６」という答えを出した場合、その子どもはそもそも「足し算」の意味を理解していないと、あるいは引き算や掛け算と誤解していると考えるだろう。

しかし、クリプキが指摘したのは、「１＋１＝２」、「２＋２＝４」……というような有限回の模範の例示では、その子どもが「68＋57」に対して、「125」ではなく、「5」という答えを出してはならないという規則を提示できていないということであり、あるいはその子どもが何度も「1＋1＝2」、「2＋2＝4」……という正解を出し続けたとしても、その子どもが我々の理解しているように足し算を理解しているとは限らないということである。というのは、例えばその子どもが、足し算を「合計されるそれぞれの数字が57未満であった場合は（X，Y＜57）、足し算の解となるが、そうでなければ、答えは5となる」というように理解していた場合（これをクリプキは「クワス算」と呼ぶ）、これまで示された実例（「1＋1＝2」や「2＋2＝4」……）と、「合計されるそれぞれの数字が57未満でなければ、答えは5となる」という規則は矛盾なく両立するためである。すなわち、これまでの実例からは、その者（教師、子ども）が、「足し算」をしているのか「クワス算」をしているのかを当人以外の者が見分けることは不可能であることになる。無論、「合計されるそれぞれの数字が57未満であった場合は（X，Y＜57）」という条件のクワス算に関しては、教示の回数を増やし数字を大きなものにしていけば、その者がしているのが足し算なのかクワス算なのかは判明するだろう。しかし、いくら回数を増やし数字を大きなものにしたとしても、その者がそれよりも大きな数で「合計される数字がx未満であったときに、答えは（足し算の解ではない）yとなる」というように規則を理解している可能性は残り続けるのである。

以上のような「＋（プラス）」に対しての「クワス算」的な疑いは、あまりに突飛であるようにも思われる。しかし、例えば水温の上昇などを思えば、必ずしもそうであるとはいえない。つまり、一〇度の一グラムの水に四・二ジュールの熱を加えた場合に一度、水温が上昇することが確認されたとしよう。ここから、一グラムの水に四・二ジュールの熱を加えた場合、必ず一度水温が上昇するという規則を見出すことができるかといえば、そうではないだろう。というのは、一〇〇度まで上昇した水に、さらに熱を加えた場合は、一〇一度になるのではなく、蒸発してしまうためである。あるいは、山上などの気圧の差があるところでは、その条件はさらに変更されるためである。

「クワス算」の思考実験は、規則を示すこととそれを理解していることを十全に示すことの不可能性を提示するものであるが、しかし本節では、そうした規則を示しえない／理解していることを示しえないという原理的な困難さがあるにもかかわらず、教育の局面で、子どもは教師の示そうしている規則を限られた例示から理解することができているという点を強調してみたい。そしてまず、「クワス算」の思考実験から、「足し算」の規則のようなものが個々人の頭の中にあり、それを伝達するという仕方で、規則の提示とそれの理解とがなされていないということを読み取りたい。例えば、教師であったとしても、「足し算とは何か」と聞かれたときに即答ができるかと言えば、そうではないだろう。しかしながら、教師は「1＋1＝2」、「2＋2＝4」……と計算してみせることはできるのである。また、子どもは「足し算とは何か」という質問に答えることではなく、「1＋1＝2」、「2＋2＝4」……と実際に計算してみせることで、「足し算」ができるようになったとみなされるのである。それゆえ、「足し算」を理解していることとは、頭の中に「足し算とは何か」という定義を持っていたり、「足し算とは何か」について説明できるというような静的なことではなく、次に出てきた「3＋3＝?」や「45＋78＝?」などの問いに適切に答えることが《できる》ことといえる(4)。

　前述したように、「3＋3＝6」を記憶していただけで、「4＋4＝?」には答えることができない場合、つまり「4＋4」という〈始まり〉から「8」という〈終わり〉への変化を起こすことができない場合は、「足し算」を理解していないということになる。そうではなく、「足し算」が《できる》とは、「3＋3＝6」だけではなく、「4＋4＝8」、……「45＋78＝123」……などと繰り返し正解《できる》ことであり、そうしたことが確認されれば、「足し算」を理解しているとみなされやすくなるのである。このことは、その者のなす〈始まり〉→〈終わり〉という変化が「足し算を理解している」という物語文によって説明される限りでは、その者がしているのが実は「クワス算」であったとしても、そのことが自他には露見しえないことを示している。別言すれば、「足し算」を「クワス算」として理解している者の誤解が当人に気づかれ、理解が修正されるのは、提示した「クワス算」の回答が「否定」されることを通してでしかないのである。

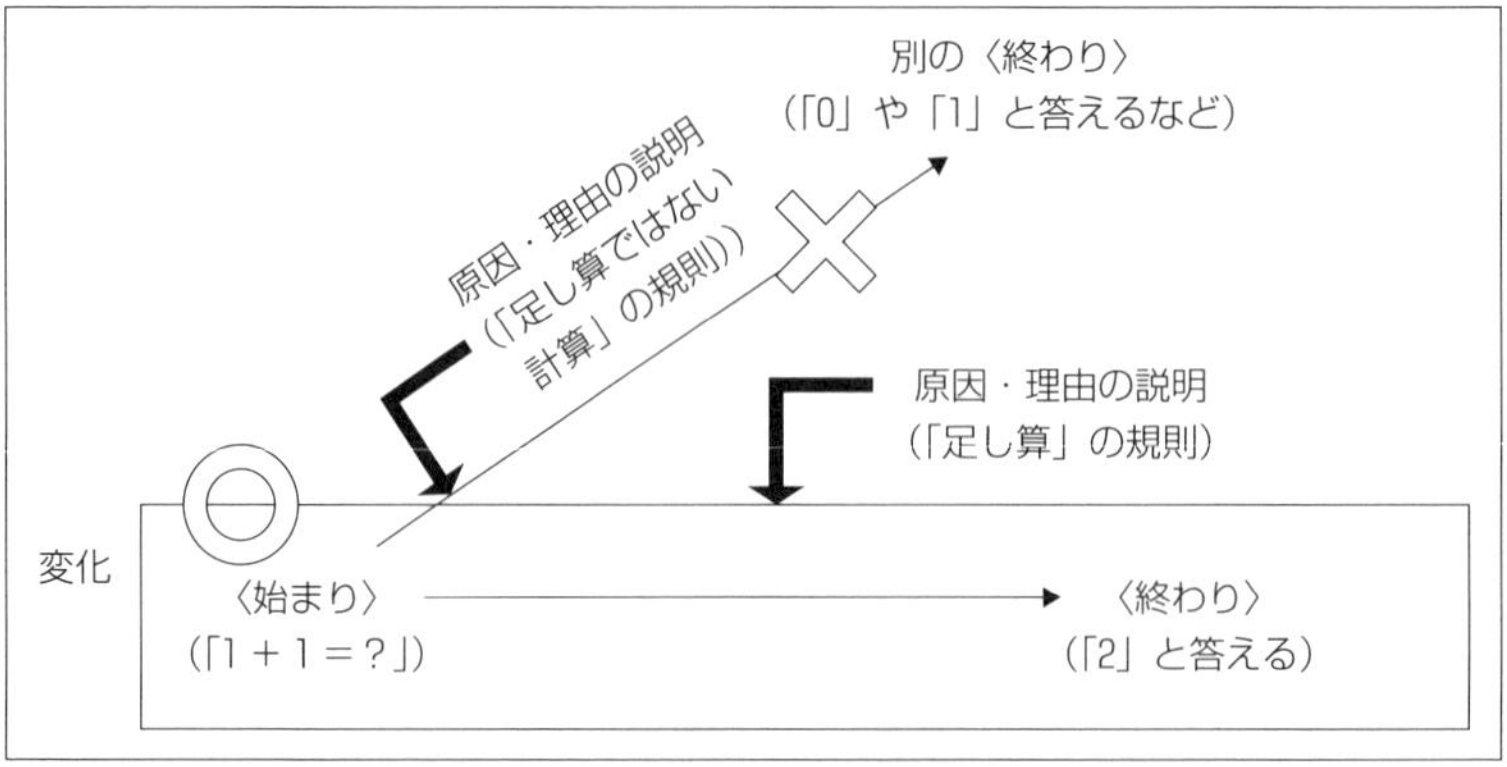

図 4-2 「足し算」の規則の理解

前述したように、「68＋57＝?」に対して「5」という答えを出した場合や、あるいは「68＋57」に対して「11」や「3876」という答えを出した場合、その子どもはそもそも「足し算」の意味を理解していないと考えるだろうが、子どもが「68＋57＝?」に「121」という答えを出した場合は、「足し算」を理解してはいるが、計算が間違ってしまったと考えるだろう。このように、「足し算」の理解が、個々の計算（例えば、「3＋3＝6」）だけでは証示されず、また「68＋57＝121」という誤りによっても「否定」されないが、「68＋57＝5」の場合には「否定」されることは、「足し算」の理解が「足し算ではない計算」の理解によって限定されていること、つまり「足し算」の理解とは、「「足し算ではない計算」（例えば、「クワス算」や「引き算」）ではない計算」の理解という仕方で「二重の否定」という構造を有しており、「足し算」という物語文にはいわば「幅」があることを示している。以上のような「足し算」の規則の理解は、上の**図4－2**のように描くことができるだろう。

すなわち、ただ「1＋1＝?」という〈始まり〉から「2」という〈終わり〉を導き出すだけではなく、それを「足し算」の規則を理解したうえでなしている場合に、我々はその者を「足し算」（の規則）を理解しているとみなすのであり、そのような規則は「二重の否定」によって、つまり「「足し算ではない計算（例えば、「引き算」や「掛け算」など）」ではない計算」によって囲まれている。**図4－2**における上方への矢印とその否定はそのことを示している。

（2）「第三者の審級」としての教師

先ほどの考察は、そもそも教師もまた「足し算とは何か」を言葉によって定義できるような仕方で理解していることは稀であり、その教師から生徒への教示とは、教師が例えば「21＋32＝？」や「41＋47＝？」という問いに規範的な回答を示し続けることによって、生徒も同様の規範的な回答を示し続けることができるようになることであることを示した。つまり、「＋（プラス）」という理念のようなものが教師から生徒へと伝達されるのではなく、実際に〈始まり〉→〈終わり〉という変化を実現させることが恒常的に実現する場合に、学びが成功したとみなされるといえる。

しかしながら、そもそもどうしてこのような学びが可能であるのだろうか。例えば、いくら教師が何度も「足し算」の模範例を示したとしても、生徒がそれらの計算をただのきまぐれとみなしていれば、つまり何らかの規則に即した計算であるとみなしていなければ、複数の計算（〈始まり〉→〈終わり〉）を示されたとしても、その変化を起こす「足し算」という規則を見出すことはできないだろう。言い換えれば、生徒は教師をでたらめに数字を書く者としてではなく、ある規則を知っており、それに基づいて計算している者とみなしているからこそ、その複数回の計算に共通する規則を見出しうるのである。すなわち、生徒は教師を正しい規則を知っており、それに基づいて計算をしている者とみなす限りで、いわばその教師に権威を認めて信頼している限りで、教師が生徒に教えることは成功するのである。

さらに、第4章2（1）の考察が示していたのは、生徒が「足し算」を行っているのか「クワス算」を行っているのかが判明するのは――教師が〈他者〉である生徒の頭の中を見透かすことができない以上――、「足し算」の規則に抵触した計算結果を生徒が出したときであることであった。言い換えれば、クワス算をしていたとしても「合計される数字がx未満」で計算がなされている間は、教師はクワス算に気づくことができないのである。つまり、教師は生徒が本当に「足し算」を理解しているかどうかを直接は確認できず、確認できるのは個々の計算の結果だけである。このことは、生徒の側からすれば、何度「足し算」の正しい解を示しえたとしても、自分が本当に「足し算」を理解していることを教師に十全に示すことはできず、自分が理解したこと自体を教師に確認してもらうことはできないということである。また生徒の視点からしても、教師が「足し算」ではなく「クワス算」をしている可能性、例えば水温の上昇のように、いまだ詳らかにされていない条件がある可能性はあるわけであるが、そうした可能性は顕在化しない。つまり、教師にとっても生徒にとっても相手の理解している規則を直接確認できないにもかかわらず、教師は生徒がある程度の正しい解答を出したことによって「足し算」を習得したとみなすし、生徒もある時点で教師が教えようとしていた「足し算」を習得できたと自認し、有限回の試行では示されていない別の規則・条件がある可能性に思い至らないのである。

以上の問いに対して、大澤は、子どもが足し算の規則に気づき、それを習得することができるのは、ある権威づけられた他者に眼差されている規則があることを、子どもが仮定しているためであると述べている。

先生が何かを知っている、先生が、具体的に何だかわからないが真理を知っている者として存在している、そう想定するだけで、生徒の行為は規則に従った行為に、言いかえれば、単なるあてずっぽうの偶然の行為ではなくて正しかったり、間違ったりしうる行為になるのです（大澤 二〇一五、四七九―八〇）。

そして、大澤はこのような権威ある他者を「第三者の審級」[5]と呼ぶ。まず生徒は教師を正しい規則（真理）を知る者としての「第三者の審級」であるとみなすことによって、教師のなす複数回の計算（〈始まり〉→〈終わり〉）がでたらめではなく、ある規則に基づいたものであるとみなし、その複数回の計算（〈始まり〉→〈終わり〉）のうちに規則を見いだそうとする。そのようにして、「第三者の審級」としての教師に眼差されたものとしてその内実は不明なまま、ある規則（真理）が存在することを前提するからこそ、ある時点で生徒は規則（真理）を発見できたと感覚（錯覚）するのである。

教える者が「第三者の審級」であるということが、教える者の理解の暫定性が隠蔽され、学習過程の者にとって、その知を有する者として現れているのは、なぜかという問い（問い④-5）に対する応答（応答④-5）となる。「第三者の審級」として現れることによって、本来は解消されえない理解の暫定性が、隠蔽される。反対に言えば、例えばある教師が頼りにならないと学生から思われている場合、いわば舐められている場合は、「第三者の審級」たりえず、その理解が疑わしい者として現れているため、その教示はうまくいかないだろう。

大澤の「第三者の審級」は、他者からなされる「否定」の効力に差があることをも説明するだろう。我々は示された有限回の変化〈始まり〉→〈終わり〉から、そのような変化の理由としての意味・規則を読み取るが、そのような読み取りは「＋（プラス）」を「クワス」と間違うように、あるいは写真一般を「お父さん」と間違うように、しばしば誤まってなされる。そのような誤解は、他者から「否定」されることで、規範的なものへと是正されていくのであった。教師と友だち、教師であっても生徒全員が熱心に授業を受けているクラスと学級崩壊が起きているクラスの教師、あるいは友だちであっても友人間で「優等生」とされている友だちと「劣等生」とされている友だちでは、指摘の内容が同じであったとしても「否定」の効力は異なるといえるが、それはその否定する者が「第三者の審級」として権威を有し「正解」を知っていると信頼されているか否かということに左右されるといえる。

しかしそれでは、「第三者の審級」はいかにして成立するのかという問い（問い④-6）を、さらに問わねばならないだろう[6]。

（3）第三者の審級は間身体的連鎖によって生成する

第4章1では、大澤の「求心化―遠心化作用」について考察したが、大澤の『身体の比較社会学Ⅰ／Ⅱ』の議論の本領は、そのような個人の身体というミクロなレベルでの働き（「求心化―遠心化作用」）から共同体・社会というマクロなものを成立させる機制（「第三者の審級」）がいかに立ち上がるのかを明らかにする点にある。

「求心化―遠心化作用」から、「私」と〈他者〉、「他者」の関係を確認しておこう。素朴には、「私」も「他者」もそれ以外の諸物も、そもそも別々に存在しており、それがある局面で出会うと考えられる。しかし、大澤が「身体の原初的な位相においては、すでに確認しておいたように、身体と事物の区別は確定的ではない。また諸身体の中から「自己」と呼ばれる領域が恒常的に固定されているわけでもない」（大澤 一九九〇、一〇四）と述べるように、「自己」と「他者」と諸物が分かれていることは自明なことではない。大澤の「求心化―遠心化作用」という発想は、「求心化―遠心化作用」が作動することによって、向こう側に〈他者〉が、そして他者に眼差される者としての「私」が成立するというものである。

以上は、「求心化―遠心化作用」が〈他者〉と「私」の間で作動するといういわば対面の局面であったが、さらに大澤は「求心化作用―遠心化作用」が複数集合し、同一の対象を志向するという、いわば並列の局面を考察する。例えば、教室において複数の生徒がある教師の言動に注意をするという場面では、個々の「求心化―遠心化作用」が連合する、つまりそれぞれの志向作用の間の差異が無化されることによって、「求心点と遠心点――自己と他者――が、互いに他を反射しあうことによって、同化してしまう」（大澤 二〇一五b、三二八）という現象が起こる。コンサートや祭りで同一の人物や対象に注意が集中している際に「一体感」を感じることなどが、例として挙げられるだろう。大澤が「間身体的連鎖」と呼ぶのは、そのような現象である。

このような「間身体的連鎖」が成立したうえで志向作用がある一つの対象に集中するときに、一つの身体の「求心化―遠心化作用」によって成立する〈他者〉よりも、より強大な〈他者〉が成立すると考えられる。大澤は「志向作用の対象が、［……］間身体的連鎖に組み込まれているどの特個的な個体の志向作用に対しても既在性の相のもとに現前し、かつどの特個的な個体の志向作用に対しても自らの恣意的な改変から独立したものとして現前することになる」（大澤 一九九〇、五八）と述べ、同一のものを複数で志向することによって、志向されたものはその複数の志向作用からは独立したものとして現れるとする。

大澤は「［……］間身体的連鎖という関係態が、それ自体で固有の実在性を有する実体であるかのように把持され、右の抽象的志向作用の帰属点となるような抽象的身体へと変換されるにちがいない。このような抽象的身体を、「第三者の審級」と呼ぶ」（大澤 二〇一五b、二四四）と述べる。「第三者の審級」とは、このような個々の志向作用が集合し、それが抽象化された志向作用である（大澤 二〇一五b、九九―一〇〇、三三〇、四二六）[7]。この「第三者の審級」によって眼差された内容は、第一に「既在的な（すでにあった）」ものとして、第二に個別的な（私の）志向作用に対して「独立した」ものとして現れる。換言すれば、「「正式な様態」であるかの如く」、一つの「規範（的に妥当なもの）」」（大澤 二〇一五b、九九）として、あるいは「真実態」（大澤 一九九〇、五八）として現れるとされる（大澤 二〇一五b、二四四）。大澤が強調するのは、このような「第三者の審級」とそれに眼差される意味が「すでにあったもの」として成立することは、あくまで「後からくるものによる、先行する場所への構成」（大澤はこのような作用を「先行的投射」と呼ぶ）であるため、「擬制」であるということである（大澤 一九九〇、五九、六二；大澤 二〇一五b、二四四、三二九、三三二）。

以上が「第三者の審級」はいかにして成立するのかという問い（問い④-6）に対する、大澤の応答となる（応答④-6）。重要であるのは、「求心化―遠心化作用」の次元にまで遡行すれば、意味や規範を制定し承認するのは、本当はこの志向作用（「われ」）であるにもかかわらず、その自己準拠性が隠蔽されるという点である。つまり、意味や規範の成立がこの志向作用（「われ」）によるものであるならば、意味や規範はこの志向作用の任意による恣意的で偶有的なものとなり、それぞれの志向作用の間で意味や規範の共有はなされないことになる。しかし、「第三者の審級」が「先行的投射」によって擬制されることで、その偶有性と共有されていないかもしれない可能性が隠蔽され、「第三者の審級」に眼差された意味は「規範」「真実態」として現れるのである。

以上の考察から、我々の理解している意味もまた今後その修正がなされるかもしれないという暫定性がいつまでも残り続けるにもかかわらず、そのことが自覚されていないという問い（問い④-4）に応答するならば、その意味自体が「第三者の審級」に承認されていると感覚されるためであると応答することができる（応答④-4）。すなわち、生徒たちの注意が教師へと集中し「間身体的連鎖」が成立することによって、教師が「第三者の審級」となっているた

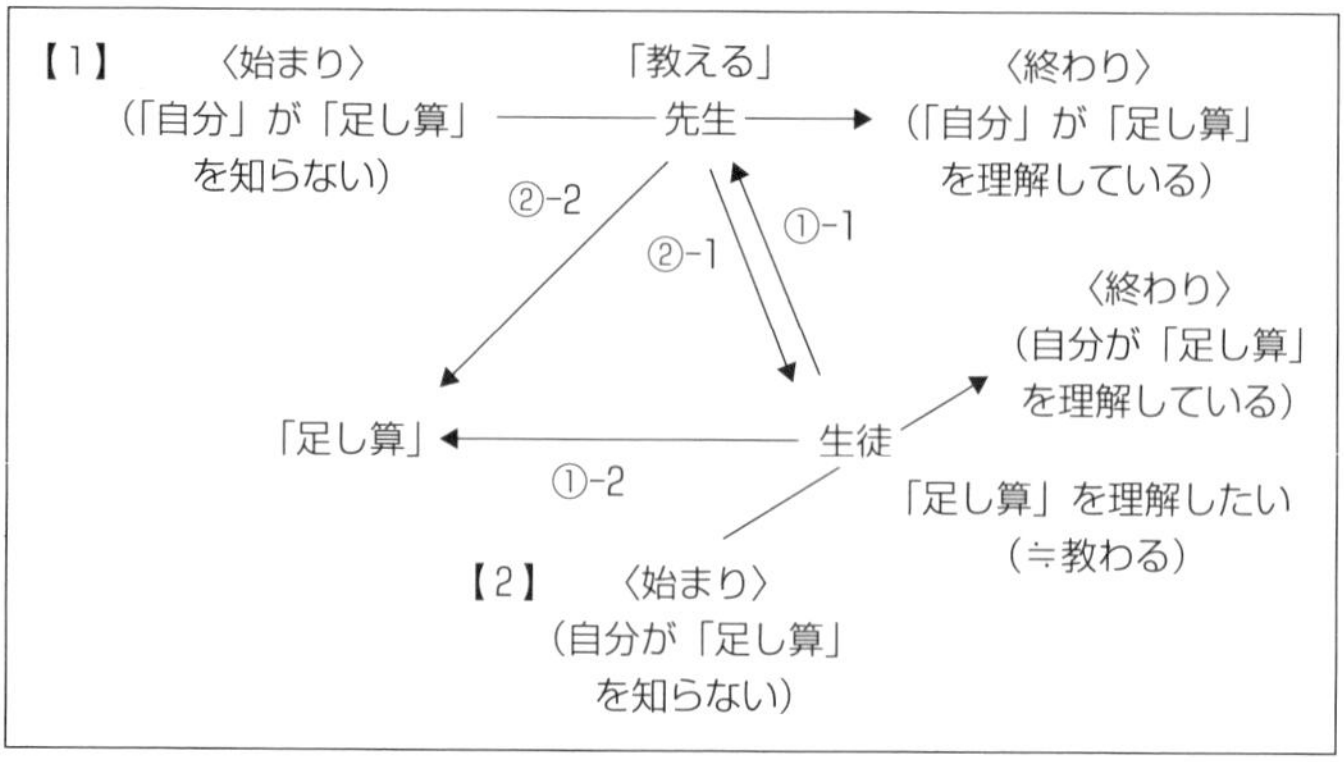

図 4-3　教師から「足し算」を教わる（生徒目線）

めに、その教師の発言は「正解」を眼差すことからなされたものとして感覚されるのである。「良い教師」から生徒が学ぶ際の「共同注意」を、第2章で提示した図2－9をもとに示すならば、上の図4－3のようになるだろう。

生徒は「足し算の規則」（真理）を「教師」が眼差している（矢印②-2）とみなし、それを「生徒」としての「自分」へと教えようとしていること（矢印②-1）を理解することで、そしてその教えに従えば、それを知らない状態〈始まり〉から、「足し算の規則」を習得するという〈終わり〉に到達できると信頼することによって、「足し算の規則（と思われるもの）」に到達できるのである（矢印①-2）。図4－3における「教師」から「足し算の規則」への矢印②-2を確かなものにするものが「権威」であるといえるが、その権威は大澤の議論における「求心化―遠心化作用」が「間身体的連鎖」し、教師が「第三者の審級」となることによって、強められるのである。反対に、同級生からの教えられたことがたとえ内容的には正しいものであったとしても、その同級生が真理（例えば、「足し算の規則」）を眼差す者（「第三者の審級」）として権威付けられていないならば、その教えは矢印①-2を導くものとはならないのである。

ここでは、大澤の「間身体的連鎖」という洞察を概観してきた。確かに、同じスポーツチームを応援している者同士や同一の所作を繰り返す礼拝などにおいて、「一体感」を感じることはあり、そのような感覚を可能にするメカニズムが「間身体的連鎖」であるといいたくなる。しかし、行為が協働する際に、そのような現象が起こるということは確かであったとしても、大澤の議論では、なぜ別々のものである身体が「間身体的連鎖」をなすことができるのかということが、その構造から裏付けられていないのではないだろうか（問い④-7）。

（4）「間身体的連鎖」は物語としての意味において生起する（応答④-7）

なぜ別々のものである身体が「間身体的連鎖」をなすことができるのかという問い（問い④-7）に応答するための手がかりは、またしてもトマセロの「共同注意」に求めることができるだろう。図4-3で示したように、「教える」・「教えられる」ことは、「教師」と「生徒」が、教えられるもの／こと（例えば、「足し算」）について共同注意を成立させていることによって可能となる。そして、このような共同注意が可能となるのは、それぞれがそれぞれの「意図」を、物語文から構成された実践的知識において読み取っているためであった。

複数の身体が同一のものに対して「求心化―遠心化作用」を作動させることによって「間身体的連鎖」が生じるとする大澤の議論は、教師と生徒の間だけではなく、生徒同士の間でも「共同注意」が成立していることによって説明できるように思われる。つまり、教師が複数の生徒に教えるという場面では、二種類の「共同注意」が作動していると考えられる。第一に、先ほど確認した教師と生徒との間の「共同注意」である。第二に、生徒と生徒との間の「共同注意」である。

しかし、例えば隣の席の生徒であれば、その様子からその「意図」を推定しうるために同じ対象（教師）に注意を向けていることがわかったとしても、背後の離れた席に座る生徒とは、その意図が確認できないために「共同注意」が成立しているということは難しいように思われる。さらに、国家的イベントでの国歌斉唱において、会場にいる一人一人を認識できないにもかかわらずそれらの者とも「間身体的連鎖」が成立しているとすれば、さらにその国歌斉唱では、メディアを通じて、その場にいない者たちとも「一体感」を感じ、「間身体的連鎖」が成立することもあるとすれば、それはどのようなメカニズムによるのだろうか。

以上の問いに応答するために、生徒と生徒との間の「共同注意」を、本書で考察してきた物語としての意味の構造から捉え直したい。我々の「誰」の理解は、その者がその状況においてどのように振舞うべきかという理解とも連動していることが、第2章において明らかとなった。同じ教室にいる生徒にとって、自分も自分以外の生徒も、その授業に参加する「生徒」として理解されている。そして、その「生徒」という意味には「生徒としてのすべきこと／すべきではないこと」が「二重の否定の体系における二重の否定」によって規定されており、それは生徒の行為を規範的な行為（例えば、「教師の話に集中して、ノートをとる」）から、周縁的な行為（例えば、「授業中に私語をする」）、例外的な行為（例えば、「授業中に歌い出す」）などのグラデーション（幅）において規定している。

このような物語としての意味の構造から生徒と生徒との間の「共同注意」を捉えることで、「間身体的連鎖」の成立を説明することができる。例えば、授業で生徒が「教わる」ことの規範的な行為（例えば、「教師の話を聞き、ノートをとる」など）を共にすることで、「教わる」という物語としての意味〈始まり〉（ある事柄を知らない）→〈終わり〉（ある事柄を知っている）を共にしていることになり、そのことによって、互いの様子を確認しなくとも、同一の対象（例えば、教師やその話）に注意を向けていると感覚することが可能になる。すなわち、物語としての意味を共にすることによって、五感で直接は確認できない生徒であっても、その注意が同一のもの（教師とその教える対象（例えば、「足し算」））に向けられていると感覚しえる。

以上の二種類の「共同注意」を図示すると次頁の図4－4のように描くことができるだろう（図4－4は、図4－3を基にしているが、煩瑣となるため、物語文の構造を省略し、それぞれの注意の向かう先を強調した図となっている）。図4－4に関して、いくつか補足しておこう。「生徒a」「生徒b」（……）「生徒x」と続いていくことは、原理的には生徒は無限に増やせることを示している（無論、実際の教室では物理的な制約により一度に教えられる人数は限定的である[8]）。そして、教師から生徒への矢印が点線であるのは、一対一での教示と比べると、それぞれの生徒に対する注意が拡散し薄まらざる

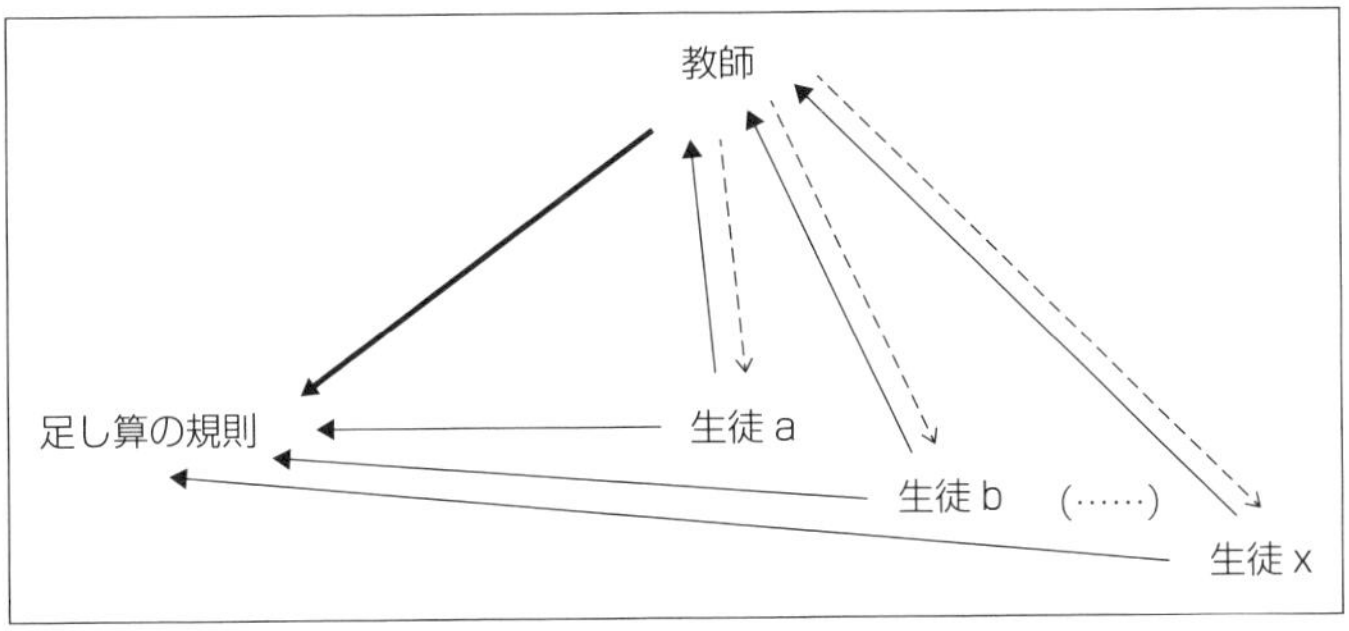

図 4-4 「足し算」の学びにおける共同注意

をえないという事実を、そして生徒にとってもそのように感覚されていることを示している。また、教師から「足し算の規則」へ伸びる矢印が太く描かれているのは、教師が「足し算の規則」という正解を知っている者として権威づけられていることを示している。

図4-4のように分析することで、「間身体的連鎖」が成立するとはどういうことであるのかを、大澤の議論を超えて、さらに解析することができる。まず、教師と生徒との間の「教える」・「教わる」ことでは、注意が双方向的に互いに向けられているのに対して、生徒間での「一緒に教わる」ことにおいては、互いに注意を向けることはなされていない。その代わりに、「教師」と「足し算の規則」に注意が向けられているが、一対一の教示（図4-3）では、教師と生徒とは互いに同量の注意を向け合っていたのに対して、図4-4では、教師と生徒との注意の分量は対等ではなく、教師から生徒への注意は少なくなり、生徒から教師への注意はそれぞれは同一であっても、生徒の数が増えることによって総量としては増加している。そして、「生徒」同士は、同一の物語（「教わる」）に属することによって「間身体的連鎖」が成立し、「（授業を受けている）我々」が生成しうるのである。そしてそのような「（授業を受けている）我々」が教師の「教える」という行為を肯定するような行為（例えば「教師の話に集中して、ノートをとる」など）を行うことによって、「正解」を知っているという権威は強化されることになる。あるいは、「（授業を受けている）我々」が教師の「教える」という行為を否定するような行為（例えば「雑談する」、「首をかしげる」など）を行った場合には、教師の権威は低下するのである。

「間身体的連鎖」が物語としての意味を共にすることによって成立すると考えられるならば、その場における直接的な「間身体的連鎖」だけでなく、時間的・空間的に懸隔がある中での「間身体的連鎖」の成立についても説明することができる。例えば、物語としての意味を共にすることができるのであれば、国家的イベントでの国歌斉唱において、その場にいる何万人もの人々の間で、さらにはメディアを通してその場にいない者とも、さらにはすでに死者となった者とも、「我々」が生成しうるのである。

しかしながら、以上の考察は、そのような権威の発生において、「求心化―遠心化作用」が連合することによって「間身体的連鎖」が成立する、という大澤の説明の見直しを迫るように思われる。大澤は、「求心化―遠心化作用」が連合し、それぞれの志向作用の間の差異が無化されることによって、「求心点と遠心点――自己と他者――が、互いに他を反射しあうことによって、同化してしまう」と述べていた。しかし、本書第4章1の考察によれば、「求心化―遠心化作用」とは「距離を空けられたものについて再帰的に関わる」ことであり、物語としての意味における出会いにおいては別の〈始まり〉と〈終わり〉へと拡散していた注意が、同一のものへと集中することによって、意味の脱落が起こるとされた。しかしながら、教師が生徒たちに教えるという場合では、教師は「教師」として意味づけられており、「教師」であるからこそ「正解」を知る者としての権威を有するとすれば、そしてまた生徒たちも自他を「生徒（たち）」として意味づけているとすれば、「距離を空けられたものについて再帰的に関わる」こととしての「求心化―遠心化作用」が作動するときのような意味の脱落は起きていないと考えられる。

以上を踏まえて、再度、教師の例において「求心化―遠心化作用」、「距離を空けられたものについて再帰的に関わる」ことが作動しているかどうかを検討してみよう。「求心化―遠心化作用」、「距離を空けられたものについて再帰的に関わる」こととは、あるものを物語文から構成された実践的知識において理解している場合、つまり「意味」において理解している場合は、〈始まり〉や〈終わり〉へと分散している注意を、分散させずに、そのものに集中することといえた。そのうえで教室で教師が複数の生徒に「教える」ときに何が起こっているのかを分析するならば、第一に、生徒たちは自他を「生徒」として理解し、「教わる」という物語としての意味〈始まり〉（自分がある事柄を知らない）→〈終わり〉（自分がある事柄を知っている）において理解しているのであり、そのことによって注意の拡散が起こっている。第二に、教える者を「教師」として、「教える」という物語としての意味〈始まり〉（生徒たちがある事柄を知らない）→〈終わり〉（生徒たちがある事柄を知っている）において理解することにおいて注意の拡散が起こっている。第三に、図4-3や図4-4で示したような、生徒の注意は、「教師」とその教えられる対象（例えば、「足し算の規則」）へと向けられており、そこでも注意の拡散が起こっている。以上のように多重の仕方で注意の拡散が起こっているゆえに、教師の例においては、「距離を空けられたものについて再帰的に関わる」こととしての「求心化―遠心化作用」が作動していないといえる。

以上の教師の例に即した考察は、大澤の議論に反して、「間身体的連鎖」が成立しやすいのは、「求心化―遠心化作用」・「距離を空けられたものについて再帰的に関わる」ことよりも、物語としての意味が脱落せずに、それを複数の者で共にしているときであることを示している。すなわち、本書の成果から筆者は、「間身体的連鎖」の成立によって「第三者の審級」の成立を主張する大澤の議論には同意するが、その「間身体的連鎖」が「求心化―遠心化作用」が複数連動することによって成立するという大澤の議論には反論したい(9)。

(5) なぜ、ヒトだけが「教える」・「教わる」ことができるのか

第3章3（3）では、チンパンジーには不可能な「教える」「教わる」ことが、ヒトに可能であるのは、ヒトが他者を物語文から構成された実践的知識において理解することができ、そしてそのような物語ることは「距離を空ける」ことによって可能であることを示した。

第4章のここまでの考察を踏まえることで、第2章4（2）や第3章3（2）で考察した、散歩の最中に親が子どもに花の名前を教える例についての考察に不十分なところがあったことが見えてくる。それは、散歩をしている最中

や、それ以前に、親と子どもは、何度もお互いに目線をかわし合っているのではないか、ということである。例えば、その日一度も目があっておらず一切のコミュニケーションがない親子であったならば、親が「花だよ」と言っても、子どもは自分に向けられた発言であると理解できないかもしれない。しかし、多くの場合は、「花だよ」という発言の前に、二人は目線を何度も合わせたり、様々なコミュニケーションをとっており、そのことによって互いに関心を向けているということを知っている。つまり、第2章4（2）において、子どもは〈始まり〉（自分が花の名前を知らない）から〈終わり〉（自分が花の名前を知っている）への変化という物語文から構成された実践的知識のもとで、親の「銀木犀だよ」という発言の意図を理解できるからこそ、その花が「銀木犀」であることを学ぶことができるとしたが、そのような学びの前提として、多くの場合、互いが互いに関心を向けていることの理解があり、そのような理解は「求心化―遠心化作用」によって成立するといえるだろう。[10]

さらに第4章2のここまでの議論は、「教える」・「教わる」ことが成立するためには、教える者が「正解」を知っているという権威、大澤のいう「第三者の審級」が必要であることを明らかにしたといえる。親が子どもに花の名前を教えるという例では、図2－9（76頁）、図2－10（77頁）で明らかになったような、物語文から構成された実践的知識のもとで相手の意図を読み取っており、そうすることで相手の注意が「花」と「自分」へと向いており、さらには自分の意図（「教えよう」「教わろう」）が相手に伝わっていることも理解されていた。この親が子どもに花の名前を教えるという例では、本当は親が花の名前について思い違いをしているかもしれないが、「教える」・「教わる」ことがうまくいくためには、そうした可能性は隠蔽され、子どもにとって親はその花の名前（「正解・真理」）を知っている者として現れていなければならないのである。[11]

私語をしている学生が多い教室では「教える」ことや「教わる」ことがうまくいきづらいというのは、授業をする教師であればもちろん、授業を受ける生徒・学生であっても感じていることであるだろう。第4章の議論から、そのような教室での「教える」・「教わる」ことの難しさの理由を説明することができる。私語をしている者が多い教室では、雑音によって教員の話が聞き取りにくくその話に集中しにくいということもあるだろうが、それだけではなく、そのような教室では対象への集中がなされず、同じ物語を生きることが難しいため「間身体的連鎖」が作動しにくく、教師が「第三者の審級」として現れにくいのである。つまり、「教える」「教わる」ことが上手くいくためには、教員は「第三者の審級」として、「正解」を、いわば「真理」を知る者として擬制されていなければならないが、私語をしている者が多い教室では、そのような「擬制」が成立していないために、同じ内容を話したとしても、学ぶ者はその「教え」に沿って「正解」にたどり着くことが困難となっているのである。[12]

注

（1）大澤のメルロ＝ポンティに関する言及は、大澤 一九九四、九七、三二六など。大澤のレヴィナスに関する言及は、大澤 二〇一五、二二一など。

（2）「距離を空ける」という働きが「私」についてもなされるということは、「距離を空ける」という働きが、「私」以外の視点から、「私」を眺めることを可能にする働きでもあることを示している。ヒトはある視界の内にしか、より正確に言えば、ある視界としてでしか存在できないが、「距離を空ける」という働きを有することによって、ヒトはその視界の〈外〉から、異なった仕方で「世界」や「私」を眺めることができる（と錯覚する）のである。いわば〈他者〉の視点を「世界」の内に見出しうるのである。

（3）第3章3（5）では、チンパンジーなどの動物が、一見したところ物語文（〈始まり〉→〈終わり〉）を理解しているかのような行動をとることについて考察した。「1＋1＝？」を見た場合には二回吠えるという行動は、その動物が「足し算」の規則を理解しているとも解釈することができるが、ただ「1＋1＝？」を見た場合には二回吠えることを条件づけられているとも解釈できるだろう。どちらの解釈が正しいのかは、続けて「2＋2＝？」や「56＋77＝？」などに正答できるかを確かめることによって、確認することができる。しかし、第4章の考察が示しているように、動物であってもヒトであっても、誤答によって、その者（動物）が「足し算」の規則を理解していないことは確認できるが、本当に理解しているかどうかについては、あくまでも暫定性が残り続けるといえる。

（4）ウィトゲンシュタインは『哲学探究』第二二三節において、規則を取得した際に「もう先、つづけることができるよ」と叫ぶ、と述べている。本書の考察は、この「つづけることができる」を可能にするウィトゲンシュタインが「慣習」（第一九八節）と呼んだものの構造とその成立の機序を解明するものといえる。さらに、筆者の立場からは、「ルールにしたがうとき、私は選択をしない。／私はルール無批判にしたがっている。」（第二一九節）のは、その規則が物語文から構成された実践的知識という構造において理解され、事象がその枠内に収まるためであり、さらにはその理解がハイデガーの言う「存在論的／実存論的／超越論的」な次元でなされているからである、主張したい（木村 二〇二三）。

（5）「第三者の審級」の典型的なイメージとしては「（法をもたらす）神、（命令する）父、（模範として現れる）王」（大澤 二〇一一、六一）が挙げられる。また筆者は、以前に大澤の「第三者の審級」について論じたことがある（木村 二〇一九ａ）。

（6）そのように共有されていると考えていた意味が、実は他者と共有されてはいなかったという場合は考えられる（自分以外は自転車を「叩くためのもの」と考えていた場合など）。しかしその齟齬は、理解している意味同士を比べることが不可能であるため、実際に使用することや用途を説明することにおいてしか判明とならない。このことをクリプキ／大澤は、「私が加法の規則に従っているならば、私は68＋57＝125と答えなくてはならない」と言明することはできないが、その対偶である「私が68＋57＝125と答えないならば、私は加法の法則に従っている、と見なされない」と言明することは可能であると指摘している（クリプキ 一九八三、一八四以下；大澤 二〇一六ａ、二八五以下）。

（7）本文で挙げた箇所以外で、「第三者の審級」および「先行的投射」について主題的に言及している箇所を一部分であるが挙げておく。大澤 一九九二、三八、一九二；大澤 二〇一五、一七八。

（8）オンライン授業では、教室という物理的な制約がないことにより、「間身体的連鎖」する身体の数は、原理的に無限に増大しうるといえるが、生徒／学生同士の「共同注意」が成立しにくいため、結果として「間身体的連鎖」を成立させることは難しいかもしれない。
　また、第４章で「第三者の審級」の成立の機序として考察したことは、人気の有名人や多くのフォロワーを抱えるインフルエンサーの発言が、それ以外の者よりも、権威付けられたものとして感覚されることを説明すると思われる。

（9）第４章２（４）では、教室での教師と生徒の関係として、大澤の議論を検討し、反論することになったが、以上の行論はややアンフェアであったかもしれない。というのは、大澤の「求心化―遠心化作用」が関連し「間身体的連鎖」が成立するという議論の典型的な場面は、原始的な共同体における宗教的な儀式などであると考えられ、そのような宗教的な場面では意味づけられない〈他者〉に対する「間身体的連鎖」が成立する場面もあるといえそうなためである。また、大澤は「第三者の審級」をそれが権威を持つ共同体の規模に応じて、「抑圧身体」、「集権身体」、「抽象身体」と区別し、共同体の規模が拡大するとともに展開していくとするが（大澤 一九九〇）、そうした細かな議論については本書では扱うことができなかった。以後の課題としたい。

(10) 日常的に目が合うという場面では、数十秒見つめ合うことはほとんどないのであり、そうした場面では意味が解体し、意味には収まらない〈他者〉が現れるような、「求心化―遠心化作用」の強い作動が起こっているわけではないだろう。しかしながら、相手が自分に関心を持っていると感覚するには十分な「求心化―遠心化作用」が作動しているといえる。

さらに言えば、「教える」・「教わる」ことの際に、目が合うこと、「求心化―遠心化作用」が必須であるかといえば、そうではないだろう。第4章2で考察してきたような、教室での教師から生徒が学ぶという場合では、教師と目が合うことがなくとも、教師の言動を物語文から構成された実践的知識のもとで「教える」という行為と解釈することができている。

(11) 本書の考察から、子どもが成長して大人になっていくことについて、次のように言うことができるだろう。子どもにとって、当初自分の親こそが「第三者の審級」としての権威を有する者、間違うことのない者であり、親の言うことこそが「正解」であると感覚される。そうした子どもが徐々に成長して大人になっていき親離れすることとは、親以外にも「第三者の審級」を見つけることによって、親の権威が相対的に低下していき、親もまた誤りうるのであり、必ずしも「正解」を知っているわけではないということ、他の大人や友人のほうが、「正解」を知っていることもあるということに気づくことであるといえる。

(12) 第4章で示した「第三者の審級」についての考察は、学びにおいて「権威」のある教師による一斉授業の有効性を示したといえる。さらには、いかにすれば一斉授業での学びが効率的なものとなるのかということの手がかりをも示したといえる。「教える」教師は「正解」を知っている者として教えられる者に現れていなければならないとすれば、いかにすれば物語を共有し「間身体的連鎖」を作動させるのかを考える必要があるだろう。

また、現在の教育現場では、教師による一斉授業ではなく、別の学びの可能性として、アクティブ・ラーニング（河合塾 二〇一三；浮田ほか 二〇一五；松下・京都大学高等教育研究開発推進センター 二〇一五；小田 二〇一六；河合塾 二〇一六；教育課程研究

所 二〇一六；小林 二〇一六；田中 二〇一六；永田・林 二〇一六；中野・三田 二〇一六；山地 二〇一六）、個別最適な学び（赤坂 二〇二二；奈須 二〇二一；奈須 二〇二二）、学び合い（佐藤学 一九九九；佐藤学 二〇一二；佐藤学 二〇一五；佐藤学 二〇一八；佐藤学 二〇二一）などが提唱され、その有効性が説かれている。これらの学びは、教師の一斉授業が「教える」・「教えられる」という「権威」に裏付けられた垂直的な構造を有するのに対して、学ぶ者同士の並列的・水平的な構造を有しているといえる。筆者はこれまでにこうした教育・学びの方法について論じたことがある（木村 二〇一四；木村 二〇一六b；木村 二〇一七b；木村 二〇二一b；木村 二〇二三b）。本書の成果を生かして、こうした「学び合い」の意義を主題的に考察することは、本書では紙幅の都合上行えない。しかしながら、簡単に見通しを述べておけば、こうした「学び合い」においては、「第三者の審級」が成立せず、それによって「否定」の効力が弱くなると考えられる。そのことによって、すでに「正解」が出ていることを理解し覚えるというような学びは非効率的となるが、その反面、一義的な「正解」がないような問題に取り組むという自ら探究する力や姿勢は涵養されると思われる。

終　章

ヒト－チンパンジー＝「距離を空ける」こと

本書の考察も、ここまでとなる。最終的な成果から、本書の思索の成果を振り返っておこう。

本書の根本的な問いである「ヒト－チンパンジー＝？」に対して、本書が提示した仮説的な応答は、「距離を空ける」ことであった。つまり、チンパンジーなどの霊長類に「距離を空ける」という機構が付加されることで、ヒトとなる、という仮説を立てた（第1章）。

この仮説を裏付けるために、本書では、様々な議論を行ってきた。最終的な到着点から振り返って見るならば、本書の様々な考察の中でも、「意味」の日常的な捉え方の解体こそが決定的な重要性を有していたといえる。つまり、チンパンジーに赤色を見せて「赤」を意味する図形文字を選ばせるという実験がいみじくも示していたのは、実際の赤色に「赤」という意味が対応しているという意味の捉え方であったわけだが、そのような意味の捉え方を次の二つの点から解体したのである。

解体の第一は、認知言語学の知見を参照しつつ、意味は「二重の否定」の体系において規定されているという仕方でなされた（第3章）。例えば、実際の赤色に対してそれ自体としてある「赤」という意味が対応しているのではなく、「赤ではない色（青、黄、緑……）」ではない色」という仕方で「二重の否定」によって規定された、典型的な「赤」から周縁的な「赤」までのグラデーションの「幅」の中にその色が収まれば、「赤」とみなされるのである。

解体の第二は、意味は物語文から構成された実践的知識という動的な構造を有することを指摘することでなされた（第2章、第3章）。例えば、「「赤ではない色（青、黄、緑……）」ではない色」としての「赤」という意味が習得・形成されたのは、物語文〈〈始まり〉→〈終わり〉〉として構造化されるような、実際に「赤いのとって」と言うことで、自分の思った色鉛筆が出てきたり出てこなかったりすることを通してなのである。

二つの解体の内でも、この第二の解体こそが、本書が提起した仮説、「ヒト－チンパンジー＝？」の「？」に「距離を空ける」ことが入るという仮説にとって、決定的な重要性を有している。というのは、〈始まり〉から〈終わり〉への変化を説明することとしての「物語る」ことは、〈終わり〉に着目したうえで、それから「距離を空ける」ことができなければならず、それができるからこそ、ヒトのみが「意味」を理解し、それを用いたコミュニケーションをとることができる、というのが本書の応答であるためである。また、意味が「二重の否定」によって規定されているということも、例えば「黄」という語を我々が「赤」として理解している色と誤解していた子どもが「赤いのとって」と言うことで、黄鉛筆ではなく赤鉛筆が出てくるという、想定された〈終わり〉が実現しなかったことによって、当初の物語文から構成された実践的知識が「否定」され、修正されることを繰り返すことによって形成されたことによると説明できる。

以上の通常の意味の捉え方の解体を踏まえて、トマセロの仮説に戻ろう。トマセロは、ヒトだけが他者や道具の「意図」を見てとることができることによって、ある者の発明・発見が単発で終わらず、他者がそれを引継ぎ、それをさらに発展させるという「累進的な文化進化」が可能となったとしていた。

本書での考察を振り返れば、他者の行為の意図を読み取ることは、トマセロの言うような、自らの意図を他者のうちにも読み取るというシミュレーションによってではなく、物語文から構成された実践的知識のもとで、他者の行為を位置づけることによって可能となっているといえる。例えば早朝のサラリーマンらしき者の行動を「出勤」という意味において理解すること、つまり、その「意図」（会社に向かうために）を読み取ることは、〈始まり〉（例えば、「家にいること」）から〈終わり〉（例えば、「会社にいること」）への変化の説明としての物語文から構成された実践的知識のもとで、その行為を見てとることによって可能となる。その際、〈始まり〉も〈終わり〉も、さらにはその変化の過程も具体的にイメージされている必要はない。それは、〈始まり〉から〈終わり〉への変化は、「二重の否定」によって囲まれており、サラリーマンらしき男の言動がその枠内に収まるのであれば、物語文を構成するそれぞれが主題化されている必要はないためである。

また、我々はその道具（例えば、「トンカチ」）を、〈始まり〉（例えば、「木材と釘がある」）から〈終わり〉（例えば、「木材に釘が打ち付けられている」）へと変化する物語文から構成された実践的知識のもとで位置づけることによって、「木材に釘を打つために」あるものとして理解している。第3章3（3）においてハイデガーの道具論を参照することで判明となったように、道具とは一つだけでは道具として機能せず、他の諸物やヒトの目的との関係において、適切な場所を得る。

以上のように、ヒトは他者や道具の「意図」を読み取ることができるが、それはヒトのみが「距離を空ける」ことができ、それによって〈始まり〉から〈終わり〉への変化を物語ることができるためといえる。

さらに、第4章では大澤の「求心化－遠心化作用」を「距離を空ける」ことから解きほぐすことで、〈他者〉とは、一度「距離を空けられたものについて再帰的に関わる」ことによって、成立することを明らかにした。さらには、意味が「二重の否定」によって規定されていることによって、意味の習得は、たとえ大人や教師であってもその理解が暫定的なものに必然的にとどまることになるが、そのことが自他に隠蔽されているのは、習得の局面では、「第三者の審級」に眼差されている意味（「正解・真理」）を習得したと感覚されているためであるとした。そして最後に、そのような「第三者の審級」は、物語としての意味を共有することによる「間身体的連鎖」によって成立するとした。

以上の本書の議論によって、「ヒトとは何か」、「ヒト－チンパンジー＝？」という問いに対する応答として、一つのアイデアを提供することはできたと思われる。しかし、不十分に留まったところも多いと言わざるをえない。

まず、本書の考察は、「理論篇」という性格を有しており、本書で判明となったことを用いて、具体的な様々な事象を考察することはできなかった。例えば、昨今「生きづらさ」という言葉を目や耳にすることが多くなったと感じているが、この「生きづらさ」とは物理・社会的な環境によるとともに、「ふつう」とされているところに自らが属さなければならない／属すことができないといった「意味」に関わる事柄でもあるように思われる[1]。また、本書の洞察は、ヒトがある事柄を意味において捉えざるをえない生き物であり、いわば中立的に物ごとを捉えることが不可能であることを示唆しているとすれば、意識的／無意識的な差別といった現象にも光を当てることができるだろう。というのは、ある相手やその相手に対する言動が、客観的には偏っている（正当／公平ではない）にもかかわらず、主観的には「正当な」ものとして現れているのは、その現れを規定する意味が偏って形成されていることによる可能性があるためである[2]。しかし、以上のような応用的な考察を本書で行うことはできなかった。別所で論じたい。

また、本書で扱った領域が学際的であり、筆者の知見が不足していたこともあり、専門家からすれば不完全な考察にとどまっている学問領域は多いだろう。第一に、本書の考察は分析哲学の洞察に負うところが大きいものの、分析哲学における海外での研究動向などの最新の研究状況を反映できたわけではない。第二に、言語学の領域については、主に認知言語学を中心に筆者が関心を持っている論点をピックアップして論じたものの、専門家から見れば不十分な議論に留まるところも多いだろう。第三に、本書で筆者が提示した「距離を空ける」ことが、どのような生理的な機構に基づいているのかは、ヒトやチンパンジーの脳の構造について筆者が不見識であるために、全く触れることができなかった。また第四に、人類学や霊長類についての最新の研究に、筆者が十分に明るいというわけでもない。本書には以上のような不十分な点が散見されるが、（言い訳めいたことを書くことが許されるのであれば）一人の研究者がその最新の知見のすべてを網羅的に把握することは、原理的に困難であると考えている。以後は、本書で提示したアイデアをより具体化していくために、それぞれの専門家と協働することができればありがたい。

注

（1）筆者は、木村 二〇二一aにおいて、「ひきこもり」という事象について論じたことがあるが、本書ではそうした内容について具体的に論じることはできなかった。また木村 二〇二一aでは、「世間」や「空気」についても、阿部 一九九五、阿部 二〇〇一、阿部 二〇〇六、阿部 二〇一九、山本 二〇一八、鴻上 二〇〇九、鴻上 二〇一九などを参照しつつ論じた。

（2）差別については、ハイト 二〇一四、バナージ／グリーンワルド 二〇一五、ヘルマン 二〇一八、綿野 二〇一九、スー 二〇二〇、ロス 二〇二一などを参照。

あとがき

本書を読み終えた読者がどんな感想を持つのか、本書で提示した結論がどのように評価されるのかを想像しようとしてもうまくいかないところがある。「序章」でも書いたことであるが、本書の考察は領域横断的であり、「学際的」といえば聞こえは良いが、それぞれの分野について筆者は、所詮「素人」にすぎないともいえる。本書の根本的な問いである「ヒトとは何か」という問いに対して、筆者がある程度適切に応答できたとすれば、本書はそれなりに価値のある本となっているはずであるが、筆者の応答がまったく的外れとなっている可能性も否みがたく存在する。成功しているかどうかの判断は、読者一人一人に委ねたい。

本書の成立の経緯について記しておこう。本書の内容は、筆者が二〇一一—一二年に博士論文『ハイデガーの「存在の問い」——「存在と存在者との区別」の意義』を立正大学大学院に提出し、学位を授与された後から始めた研究の一区切りとなるような、集大成的な内容となっている。とはいえ、博士論文を提出してすぐに「ヒトとは何か」を問い始めたというわけではない。当初筆者は、アーレントやヨナスといったハイデガーの弟子筋の思想や、物語や意味についての議論（マッキンタイアやダント、認知言語学など）を用いて、ハイデガーの思想を捉え直すことや、自身が大学で授業を担当するようになったことを機縁として始めた「大学教育」についての研究を、それぞれを関係させることなしに積み重ねてきた。そうした様々な研究が、「ヒトとは何か」というテーマに収斂させることができるのではないか、という予感が芽生えてきたのは、せいぜいここ数年であり、その嚆矢となったのは以下のテキストであった。

・「チンパンジーは退屈するのか」『立正大学文学部紀要』三六号、二〇二〇年。
・「ロゴスをのんだ犬」『ひとおもい』二号、二〇二〇年。

その後、「意味」や「意図」についての研究は、

・「ひきこもりについての実存論的解釈」『立正大学文学部研究紀要』三七号、二〇二一年。
・「意味を「否定」する者としての〈他者〉」『立正大学文学部研究紀要』三八号、二〇二二年。
・「意図の透明さ――アンスコム『インテンション』を手掛かりに」『立正大学人文科学研究所年報』六〇号、二〇二二年。
・「実存についての解釈」、立正大学人文科学研究所創立60周年記念論文集編集委員会編『人文科学における「解釈」のアクチュアリティ』知泉書館、二〇二二年。

へと引き継がれていく。ただ、本書で核となるアイデアであった、「物語〈文〉」やそこで明らかとなる「誰」については、もう少し早い時期から取り組んでいたテーマであった。

・「歴史と物語における哲学者――シンポジウム「木村史人著『「存在の問い」の行方』をめぐって」への応答として」『立正大学哲学会紀要』一一号、二〇一六年。
・「活動を物語るのは誰か？」『立正大学人文科学研究所年報』五五号、二〇一八年。
・「本来性における最も固有な「誰」――ハイデガーとアーレントにおける「共存在」と「他者」」『倫理学年報』六七号、二〇一八年。
・「物語る者としての現存在」『立正大学文学部研究紀要』三五号、二〇一九年。
・「物語による意味の習得」『立正大学哲学会紀要』一四号、二〇一九年。

・「「ある」と「べき」」『ひとおもい』創刊号、二〇一九年。

また、本書の考察の導きの糸の一つとなった「教える」ことについては、本書で提示したような哲学的な立場から主題的に論じることは本書がはじめてとなるものの、「大学教育」については、以下のような論文を書いてきた。

・「哲学教育におけるピア・ラーニングの可能性」『立正大学哲学会紀要』九号、二〇一四年。
・「哲学教育におけるピア・ラーニングの実践例」『立正大学文学部研究紀要』三二号、二〇一六年。
・「大学での哲学教育における二種類のアクティブ・ラーニングの導入」『立正大学文学部論叢』一四〇号、二〇一七年。
・「コロナ禍以後の大学教育の未来――授業動画の無料公開は、大学をいかに変えるのか」『立正大学文学部論叢』一四四号、二〇二一年。
・「学習者の主体性を育成するアクティブ・ラーニング２・０」『立正大学文学部論叢』第一四六号、二〇二三年。

この「大学教育」についての端緒は、筆者が立正大学に専任講師として赴任する前に在籍していた、中華人民共和国の福建省にある福州大学外国語学院日本語学科での経験にある。そこで語学教育に関して全くの素人であるにもかかわらず日本語を教えなければならないという状況に面したことによって、「教える」という営みについての方法論を学ぶことになった。それ以来、哲学研究とは別のルートで、「大学教育」についても少しずつ考察を続けてきたが、本書ではいみじくも筆者がもともとしていた哲学研究と合流することになった。日本語教育という貴重な機会を与えてくれた福州大学の先生たちに、感謝申し上げたい。

以上のような論文で提示した思考を集積したものが本書といえるが、その過程で内容は原型をとどめないほどに大幅に変形されている。というのは、「ヒトとは何か」という問いを主題的に取り扱ったことがなかったこれまでの論文での様々な文脈での考察を、本書では「ヒトとは何か」という根本的な問いのもとに再編したためである。別の言い方をすれば、「ヒトとは何か」という問いに応答することは、個別の論文ではできず、一冊の本となるくらいの文字数が必要であったともいえるかもしれない。

そのような「ヒトとは何か」という問いを中心にこれまでに書いてきたものを編み直すという試みがひと段落したのが、二〇二三年の終盤であった。編み直している間、特に出版社が決まっていたわけではなく、何となく出版できればよいな、良い出版社はないかな、と漠然と考えていたときに、たまたま二〇二三年一二月に関西で開催された学会で出会ったのが、晃洋書房の櫻井天真さんであった。学会に持参した論文「チンパンジーは退屈するのか」を渡したところ、すぐにメールを頂き、出版について相談に乗ってもらうことになった。その後、筆者がつとめている立正大学の「立正大学石橋湛山記念基金」より運よく出版助成をして頂けることになり、出版する運びとなった。助成のおかげで出版することができた。心より御礼を申し上げたい。

「立正大学石橋湛山記念基金」より助成して頂けることが決定した二〇二四年三月の時点で、筆者としては、原稿はほとんど完成しており、あとは若干の修正をすれば出版できると考えていたのだが、それからの数か月の間に、大部の修正をすることになった。その過程で、本書の構成に大きな影響を及ぼしたのは、二〇二四年度Ⅰ期に筆者が担当した二つの授業「哲学演習3」と「近代哲学演習5」であった。

「哲学演習3」（受講者数五七名）は立正大学文学部哲学科の学部3—4年生向けの演習（ゼミ）であるが、その一五回の授業では本書の内容についての講義を行った。「哲学演習3」の構成は、授業の前半でプリントを用いての本書の内容についての講義を行い、授業の後半で講義した内容についてのグループワークをした後で、学生からの質問を受け付け、筆者が応答するというものであった。結果として、わかりやすく説明したつもりが伝わっていなかったり、筋が通っていると思っていた箇所が余計であることがわかったりと、気づきの多い授業となった。授業に参加し、質問をしてくれた学生の皆さんに、この場を借りて感謝したい。

「近代哲学演習5」は立正大学大学院文学研究科哲学専攻で開講された授業であり、出席者は回によって増減したが、大抵一〇名に満たない人数で行われた。この授業に参加していたのは、立正大学や他大学の院生や大学院への進学を考えている学部生であり、実際に本書の草稿を読み上げたうえで、その内容について質問してもらい、議論するという形式で授業を行った。授業に出席し、有益な示唆を与えてくれた、八杖春樹さん、穂積悠一郎さん、山王桜さん、田中優乃さん、青山若紫々さん、酒口凪音さん、渡邊公平さん、北野亮太郎さんに、改めて御礼を述べたい。

この二つの授業を経て、本書の内容は大幅に変更されることになった。当初、本書の第1章は、ハイデガーの一九二九／三〇年の講義『形而上学の根本諸概念』の動物論を扱うものであった。また、筆者が博士論文やそれを基に出版した、前著『「存在の問い」の行方――『存在と時間』は、なぜ挫折せざるをえなかったのか』（北樹出版、二〇一五年）で探究した「存在の問い」を捉え直すということが、「ヒトとは何か」の解明に並ぶ、当初の本書の目的であった。しかし二つの授業を受講している学生たちの反応から、ハイデガーの議論から入ることは議論を複雑化させ、読者の間口を狭めることになると判断し、最初の章と本書の根幹となる目的の一つを丸々削るという決断をした。ハイデガーの思想を専門的に研究する筆者にとって、ハイデガーに関わる部分を大幅に縮約するという決断は断腸の思いではあったものの、哲学に馴染みのない読者への間口を狭め「二兎を追う者は一兎をも得ず」とならずに済んだという意味で、本書にとっては僥倖であったと考えている。本書で提起したようなアイデアから「存在の問い」を捉え直すということは、また別のところで行うことにしたい。

本書を書ききるために研究上で御恩がある方々を挙げていけばきりがないが、まず関東のハイデガー研究会、ハイデガー・フォーラムで切磋琢磨をしてきた面々に御礼申し上げたい。特に、森一郎先生、齋藤元紀さん、古荘真敬さん、陶久明日香さん、金成祐人さんには、いつも議論の相手になって頂いた。

また、日本アーレント研究会を中心に、一緒にいつかの科研費にチャレンジした皆さんにも、御礼を申し上げたい。

特に、本書と同時に出版される論文集の編者をともにつとめた渡名喜庸哲さん、橋爪大輝さん、戸谷洋志さんには、様々な局面でご助言やご助力を頂戴した。

筆者の相談に乗って頂き、編集を担当して頂いた櫻井天真さんにも改めて御礼を申し上げたい。櫻井さんの親切な申し出と出版までのきめ細やかな助力がなかったら、本書が完成することはなかった。

また、本書の表紙は、教えることがなかったソクラテスが「教える」姿と、教わることができないはずのチンパンジーが「教わって」いる姿というアイロニーに満ちたイラストとなっている。筆者が伝えた拙いアイデアを、想像をはるかに超える素晴らしいデザインに昇華していただいたＨＯＮ ＤＥＳＩＧＮの小守いつみ氏と間宮理恵氏に感謝を申し上げたい。

本書の内容には、立正大学文学部哲学科の同僚との日々の議論も、大きく影響している。比較的年が近く、赴任以前から研究の先輩であった板橋勇仁先生、武内大先生はもとより、筆者が学生の時分よりお世話になっている湯浅正彦先生、田坂さつき先生からは、研究の内容はもとよりその研究の姿勢を学ばせて頂いている。

また、本書の内容に関して、特に野矢茂樹先生と竹内聖一先生に御礼を申し上げたい。野矢先生が赴任されてから開催された小さな研究会は、竹内先生が専門としている、アンスコムの思想を知る機会となった。また、竹内先生からは、拙論「意図の透明さ――アンスコム『インテンション』を手掛かりに」を執筆している最中に、専門的な見地より懇切なコメントを頂き、内容に反映することができた。また、主題的に論じることはできなかったものの、ウィトゲンシュタインと野矢先生の哲学は、本書のアイデアの伏流水となっていた。

立正大学文学部哲学科を卒業した先輩である村上喜良先生には、学部生・院生時代より公私ともにお世話になっている。そして、大学院時代の指導教員である手川誠士郎先生からも、学部生・院生時代より多大な御恩を頂戴した。このお二人から頂戴した、言葉では言い表せないほどの御恩のお陰で、筆者は現在の筆者となったといえる。言葉では言い表せないほどの感謝であるため、日々お返ししていきたい。

最後に、放蕩息子のわがままを許してくれる父と母と、一緒の家で暮らしている兄と義姉と甥っ子のお陰で、筆者はまだ何とか生きている。いつも本当にありがとう。

二〇二四年九月一八日、立正大学品川キャンパス二号館一二階の研究室にて

木村史人

事項索引

人名索引

参照文献

欧文文献

Anscombe, G. E. M.（2000（1957））, *Intention*, 2nd ed., Harvard University Press, 1957, 1963.（『インテンション――行為と実践知の哲学』柏端達也訳、岩波書店、2022年）

Arendt, Hannah（1958）*The Human Condition*, Chicago University Press.（『人間の条件』牧野雅彦訳、講談社、2023年）

――――（1967）*Vita activa oder Vom tätigen Leben*, Piper Verlag GmbH, München.（『活動的生』森一郎訳、みすず書房、2015年）

――――（1978）*The Life of the Mind*, Harcourt Brance & Company.（『精神の生活〔上〕――第一部　思考』『精神の生活〔下〕――第二部　意志』佐藤和夫訳、岩波書店、1994・1995年）

Danto, Arthur C.（1980）*Analytische Philosophie der Geschichte*, suhrkamp taschenbuch wissenschaft 328.（『物語としての歴史――歴史の分析哲学』河本英夫訳、国文社、1989年）

Heidegger, Martin（1927）*Sein und Zeit*, 18. Aufl., Max. Niemeyer, 2001.

――――（1976）*Martin Heidegger Gesamtausgabe,Band 21 Logik*（WS 1925/26）. Vittorio Klostermann.（『ハイデガー全集［第21巻］論理学――真性への問い』佐々木亮／伊藤聡／セヴェリン・ミュラー訳、創文社、1989年）

――――（1979）*Martin Heidegger Gesamtausgabe,Band 20 Prolegomena zur Geschichte des Zeitbegriffs*（SS 1925）. Vittorio Klostermann.（『ハイデガー全集［第20巻］時間概念の歴史への序説』常俊宗三郎／嶺秀樹／レオ・デュムペルマン訳、創文社、1988年）

Jonas, Hans（1994）*Das Prinzip Leben*, Insel verlag Frankfurt am Main und Leipzig.（『生命の哲学――有機体と自由』細見和之／吉本陵訳、法政大学出版局、2008年）

MacIntyre, Alasdair（2007（1981））*After Virtue*, 3rd ed. University of Notre Dame Press.（『美徳なき時代』篠﨑榮訳、みすず書房、1993年）

Tomasello, Michael（1999）*The Cultural Origins of Human Cognition*, Harvard Universuty Press, Cambridge.（『心とことばの起源を探る』大堀壽夫／中澤恒子／西村義樹／本田啓訳、勁草書房、2006年）

――――（2008）*Origins of Human Communication*, The MIT Press.（『コミュニケーションの起源を探る』松井智子／岩田彩志訳、勁草書房、2013年）

――――（2009）*Why We Cooperate*, MIT Press, Cambridge.（『ヒトはなぜ協力するのか』橋彌和秀訳、勁草書房、2013年）

――――（2016）*Natural History of Human Morality*, Harvard Universuty Press,

Cambridge.（『道徳の自然誌』中尾央訳、勁草書房、2020年）

翻訳文献

ヴィゴツキー（2001）『思考と言語』柴田義松訳、新読書社。

エマニュエル・レヴィナス（1989）『全体性と無限——外部性についての試論』合田正人訳、国文社。

エリザベス＝バークレイ、パトリシア＝クロス、クレア＝メジャー（2009）『協同学習の技法——大学教育の手引き』安永悟監訳、ナカニシヤ出版。

カール・レーヴィット（2008）『共同存在の現象学』熊野純彦訳、岩波書店。

クサート・ユクスキュル（2005）『生物から見た世界』日高敏隆／羽田節子訳、岩波書店。

ジェームズ・J・ギブソン（2011a）『視覚ワールドの知覚』東山篤規／竹澤智美／村山嵩至訳、新曜社。

————（2011b）『生態学的知覚システム』佐々木正人／古山宣洋／三嶋博之訳、東京大学出版会。

ジャック・デリダ（2014）『獣と主権者Ⅰ』西山雄二／郷原佳以／亀井大輔／佐藤朋子訳、白水社。

————（2016）『獣と主権者Ⅱ』西山雄二／亀井大輔／荒金直人／佐藤嘉幸訳、白水社。

ジャン・ピアジェ（1968）『思考の心理学——発達心理学の6研究』滝沢武久訳、みすず書房。

ジャン・ピアジェ、ベルベル・イネルデ（1969）『新しい児童心理学』波多野完治／須賀哲夫／周郷博訳、白水社。

ジョナサン・ハイト（2014）『社会はなぜ左と右にわかれるのか——対立を超えるための道徳心理学』高橋洋訳、紀之國屋書店。

ジョルジュ・アガンベン（2011）『開かれ』岡田温司訳、平凡社。

————（2011）『言葉と死——否定性の場所にかんするゼミナール』上村忠男訳、筑摩書房。

ジョン・コーエン（2012）『チンパンジーはなぜヒトにならなかったのか——99パーセント遺伝子が一致するのに似ても似つかぬ兄弟』大野晶子訳、講談社。

スティーブン・ピンカー（1995）『言語を生みだす本能〔上〕』椋田直子訳、日本放送出版協会。

————（1996）『言語を生みだす本能〔下〕』椋田直子訳、日本放送出版協会。

ソール・A・クリプキ（1983）『ウィトゲンシュタインのパラドックス——規則・私的言語・他人の心』黒崎宏訳、産業図書。

————（1985）『名指しと必然性——様相の形而上学と心身問題』八木沢敬／野家啓一訳、産業図書。

J・ダンロスキー、J・メトカルフェ（2010）『メタ認知　基礎と応用』湯川良三／金城光／

清水寛之訳、北大路書房。

デボラ・ヘルマン（2018）『差別はいつ悪質になるのか』池田喬／堀田義太郎訳、法政大学出版局。

デラルド・ウィン・スー（2020）『日常生活に埋め込まれたマイクロアグレッション——人種、ジェンダー、性的指向：マイノリティに向けられる無意識の差別』マイクロアグレッション研究会訳、明石書店。

ノーム・チョムスキー（2011）『生成文法の企て』福井直樹／辻子美保子訳、岩波書店。

———（2016）『言語の科学——ことば・心・人間本性』J・マッギルヴレイ（聞き手）、成田広樹訳、岩波書店。

ノーム・チョムスキー、ロバート・C・バーウィック（2017）『チョムスキー言語学講義——言語はいかにして進化したか』渡会圭子訳、筑摩書房
M・R・バナージ、A・G・グリーンワルド（2015）『心の中のブラインド・スポット——善良な人々に潜む非意識のバイアス』北村英哉／小林知博訳、北大路書房。

ハワード・J・ロス（2021）『なぜあなたは自分の「偏見」に気づけないのか——逃れられないバイアスとの「共存」のために』御舩由美子訳、原書房。

フェルディナン・ド・ソシュール（1972）『一般言語学講義』小林英夫訳、岩波書店（初版1940年）。

ポール・リクール（1987）『時間と物語Ⅰ——物語と時間性の循環　歴史と物語』久米博訳、新曜社。

———（1988）『時間と物語Ⅱ——フィクション物語における時間の統合形象化』久米博訳、新曜社。

———（1990）『時間と物語Ⅲ——物語られる時間』久米博訳、新曜社。

マイケル・トマセロ（2008）『ことばをつくる——言語習得の認知言語学的アプローチ』辻幸夫／野村益寛／出原健一／菅井三実／鍋島弘次朗／森吉直子訳、慶應義塾出版会。

モーテン・H・クリスチャンセン、ニック・チェイター（2022）『言語はこうして生まれる——「即興する脳」とジェスチャーゲーム』塩原通緒訳、新潮社。

モーリス・メルロ＝ポンティ（1966）『眼と精神』滝浦静雄／木田元訳、みすず書房。

ラース・スヴェンセン（2005）『退屈の小さな哲学』鳥取絹子訳、集英社。

リチャード・リーキー（1996）『ヒトはいつから人間になったか——サイエンス・マスターズ3』馬場悠男訳、草思社。

ルース・G・ミリカン（2007）『意味と目的の世界——生物学の哲学から』信原幸弘訳、勁草書房。

ルートヴィヒ・ヴィトゲンシュタイン（2013）『哲学探究』丘沢静也訳、岩波書店。

邦文文献

赤坂真二（2022）『個別最適な学び×協働的な学びを実現する学校運営』明治図書出版。

浅野智彦（2001）『自己への物語論的接近――家族療法から社会学へ』勁草書房。

阿部謹也（1995）『「世間」とは何か』講談社。

――――（2001）『学問と「世間」』岩波書店。

――――（2006）『近代化と世間――私が見たヨーロッパと日本』朝日新聞出版。

――――（2019）『西洋中世の愛と人格――「世間」論序説』講談社。

池上嘉彦（1978）『意味の世界――現代言語学から視る』日本放送出版協会。

池田玲子・舘岡洋子（2007）『ピア・ラーニング入門――創造的な学びのデザインのために』ひつじ書房。

今井むつみ（2010）『ことばと思考』岩波書店。

――――（2013）『ことばの発達の謎を解く』筑摩書房。

――――（2016）『学びとは何か――〈探究人〉になるために』岩波書店。

今井むつみ・野島久雄（2003）『人が学ぶということ――認知学習論からの視点』北樹出版。

今井むつみ・針生悦子（2007）『レキシコンの構築――子どもはどのように語と概念を学んでいくのか』岩波書店。

岩淵悦太郎・波多野完治・内藤寿七郎・切替一郎・時実利彦（1968）『ことばの誕生――うぶ声から五才まで』日本放送出版協会。

浮田英彦・日野賀成・伊藤文一・上野史郎・原口芳博（2015）『弱みを強みに変える本気が目覚めるアクティブ・ラーニング』梓書院。

大澤真也・中西大輔編（2015）『e ラーニングは教育を変えるか――Moodle を中心としたLMS の導入から評価まで』海文堂出版。

大澤真幸（1990）『身体の比較社会学Ⅰ』勁草書房。

――――（1992）『身体の比較社会学Ⅱ』勁草書房。

――――（1994）『意味と他者性』勁草書房。

――――（2005）『恋愛の不可能性について』筑摩書房。

――――（2011）『〈世界史〉の哲学　古代篇』講談社。

――――（2012）『動物的／人間的――1．社会の起原』弘文堂。

――――（2015）『社会システムの生成』弘文堂。

大塚英志（2001）『定本　物語消費論』角川書店。

――――（2004）『物語消滅論――キャラクター化する「私」、イデオロギー化する「物語」』角川書店。

小原秀雄（1975）『動物のこころを探る――人間性の源流』玉川大学出版部。

大津由紀雄編（1995）『認知心理学３』東京大学出版会。

小田隆治編（2016）『大学におけるアクティブ・ラーニングの現在――学生主体型授業実践集』ナカニシヤ出版。

片桐雅隆（2000）『自己と「語り」の社会学――構築主義的展開』世界思想社。

――――（2003）『過去と記憶の社会学――自己論からの展開』世界思想社。

――――（2006）『認知社会学の構想――カテゴリー・自己・社会』世界思想社。

門脇俊介・野矢茂樹編／監修（2010）『自由と行為の哲学』春秋社。

金成隆一（2013）『ルポ MOOC 革命――無料オンライン授業の衝撃』岩波書店。

河合塾編著（2013）『「深い学び」につながるアクティブラーニング』東信堂。

河合塾編著（2016）『大学のアクティブラーニング――導入からカリキュラムマネジメントへ』東信堂。

木村史人（2014）「哲学教育におけるピア・ラーニングの可能性」『立正大学哲学会紀要』第9号。

――――（2015）『「存在の問い」の行方――『存在と時間』は、なぜ挫折せざるをえなかったのか』北樹出版。

――――（2016a）「歴史と物語における哲学者――シンポジウム「木村史人著『「存在の問い」の行方』をめぐって」への応答として」『立正大学哲学会紀要』11号。

――――（2016b）「哲学教育におけるピア・ラーニングの実践例」『立正大学文学部研究紀要』No. 32。

――――（2017a）「現代技術は不安を惹起するのか――『存在と時間』における技術論の射程」ハイデガー研究会『Zuspiel』Bd. 1。

――――（2017b）「大学での哲学教育における二種類のアクティブ・ラーニングの導入」『立正大学文学部論叢』140号。

――――（2018a）「活動を物語るのは誰か？」『立正大学人文科学研究所年報』55号。

――――（2018b）「本来性における最も固有な「誰」――ハイデガーとアーレントにおける「共存在」と「他者」」『倫理学年報』第67巻。

――――（2019a）「物語る者としての現存在」『立正大学文学部研究紀要』35号。

――――（2019b）「物語による意味の習得」『立正大学哲学会紀要』14号。

――――（2020a）「チンパンジーは退屈するのか」『立正大学文学部研究紀要』36号。

――――（2020b）「意志――留保し、可能性を開く」、日本アーレント研究会編『アーレント読本』法政大学出版局。

――――（2021a）「ひきこもりについての実存論的解釈」『立正大学文学部研究紀要』37号。

――――（2021b）「コロナ禍以後の大学教育の未来――授業動画の無料公開は、大学をいかに変えるのか」『立正大学文学部論叢』144号。

――――（2022a）「意味を「否定」する者としての〈他者〉」『立正大学文学部研究紀要』38号。

――――（2022b）「意図の透明さ――アンスコム『インテンション』を手掛かりに」『立正大学人文科学研究所年報』60号。

――――（2022c）「実存についての解釈」、立正大学人文科学研究所創立60周年記念論集

編集委員会編『人文科学における「解釈」のアクチュアリティ』知泉書館。

————（2023a）「「宇宙科学」の意義とは何か？」『Arendt Platz』８号。

————（2023b）「学習者の主体性を育成するアクティブ・ラーニング2.0」『立正大学文学部論叢』146号。

教育課程研究会編著（2016）『「アクティブ・ラーニング」を考える』東洋館出版社。

清原悠編（2021）『レイシズムを考える』共和国。

串田純一（2017）『ハイデガーと生き物の問題』法政大学出版局。

鴻上尚史（2009）『「空気」と「世間」』講談社。

————（2019）『「空気」を読んでも従わない——生き苦しさからラクになる』岩波書店。

河野守夫［編集主幹］ 猪狩幸男・石川圭一・門田修平・村田純一・山根繁［編］（2007）『ことばと認知のしくみ』三省堂。

小林昭文監修（2016）『図解　アクティブラーニングがよくわかる本』講談社。

小林春美・佐々木正人編（2008）『新・子どもたちの言語獲得』大修館書店。

佐藤直樹（2001）『「世間」の現象学』青弓社。

佐藤昌宏（2018）『EdTech が変える教育の未来』インプレス。

佐藤学（1999）『学びの快楽——ダイアローグへ』世織書房。

————（2012）『学校改革の哲学』東京大学出版会。

————（2015）『学び合う教室・育ち合う学校——学びの共同体の改革』小学館。

————（2018）『学びの共同体の挑戦——改革の現在』小学館。

————（2021）『学びの共同体の創造——探究と協同へ』小学館。

清水亮・橋本勝・松本美奈編著（2009）『学生と変える大学教育——FD を楽しむという発想』ナカニシヤ出版。

清水寛之編著（2009）『メタ記憶——記憶のモニタリングとコントロール』北大路書房。

竹内聖一（2022）「『インテンション』を読む——「観察によらない知識」をめぐる謎」、『思想』no. 1181、岩波書店。

田中博之（2016）『アクティブ・ラーニング実践の手引き——各教科等で取り組む「主体的・協働的な学び」』教育開発研究所。

千野帽子（2017）『人はなぜ物語を求めるのか』筑摩書房。

次田瞬（2021）『人間本性を哲学する——生得主義と経験主義の論争史』青土社。

東北大学高等教育開発推進センター編（2009）『ファカルティ・ディベロップメントを超えて——日本・アメリカ・カナダ・イギリス・オーストラリアの国際比較』東北大学出版会。

頓所本一（2018）『学びの共同体の実践　学びの光源——学び合いで育む自己形成』明治図書出版。

戸谷洋志（2018）『ハンス・ヨナスを読む』堀之内出版。

————（2021）『ハンス・ヨナス 未来への責任——やがて来たる子どもたちのための倫

理学』慶應義塾大学出版会。

――――（2022）『ハンス・ヨナスの哲学』KADOKAWA。

中島勝住（2017）『〈差別ごころ〉からの〈自由〉を』阿吽社。

中野研一郎（2017）『認知言語類型論原理――「主体化」と「客体化」の認知メカニズム』京都大学学術出版会。

永田敬・林一雅（2016）『アクティブラーニングのデザイン――東京大学の新しい教養教育』東京大学出版会。

中野民夫・三田地真実編著（2016）『ファシリテーションで大学が変わる――アクティブ・ラーニングにいのちを吹き込むには　大学編』ナカニシヤ出版。

中谷素之・伊藤崇達編著（2013）『ピア・ラーニング　学びあいの心理学』金子書房。

奈須正裕（2021）『個別最適な学びと協働的な学び』東洋館出版社。

――――（2022）『個別最適な学びの足場を組む。』教育開発研究所。

野家啓一（2005）『物語の哲学』岩波書店。

――――（2016）『歴史を哲学する――七日間の集中講義』岩波書店。

野矢茂樹（1999）『哲学・航海日誌』春秋社。

――――（2002）『同一性・変化・時間』哲学書房。

――――（2020）『語りえぬものを語る』講談社。

――――（2016）『心という難問　空間・身体・意味』講談社。

――――（2022）『ウィトゲンシュタイン『哲学探究』という戦い』岩波書店。

野矢茂樹・西村義樹（2013）『言語学の教室 哲学者と学ぶ認知言語学』中央公論新社。

橋爪大輝（2016）「物語と意味――アーレントにおける物語ること」、アーレント研究会『Arendt Platz』創刊号。

橋本陽介（2014）『ナラトロジー入門――プロップからジュネットまでの物語論』水声社。

――――（2017）『物語論　基礎と応用』講談社。

日高敏隆（2007）『動物と人間の世界認識――イリュージョンなしに世界は見えない』筑摩書房。

堀田義太郎（2019）「差別の哲学について」『対抗言論』1号。

洞口治夫（2008）『ファカルティ・ディベロプメント――学部ゼミナール編』白桃書房。

真木悠介（2008）『自我の起原――愛とエゴイズムの動物社会学』岩波書店。

松下佳代・京都大学高等教育研究開発推進センター編著（2015）『ディープ・アクティブラーニング――大学授業を深化させるために』勁草書房。

正高信男（2006）『ヒトはいかにヒトになったか――ことば・自我・知性の誕生』岩波書店。

正高信男・辻幸夫（2011）『ヒトはいかにしてことばを獲得したか』大修館書店。

松沢哲郎（2000）『チンパンジーの心』岩波書店。

――――（2011）『想像するちから――チンパンジーが教えてくれた人間の心』岩波書店。

――――（2018）『分かちあう心の進化』岩波書店。

丸山圭三郎編（1985）『ソシュール小事典』大修館書店。

三宮真智子編著（2008）『メタ認知　学習力を支える高次認知機能』北大路書房。

柳沼良太（2020）『学びと生き方を統合するSociety5.0の教育――サイコエデュケーションで「知・徳・体」を総合的に育てる』図書文化社。

山内祐平編著（2010）『学びの空間が大学を変える――ラーニングスタジオ/ラーニングコモンズコミュニケーションスペースの展開』ボイックス。

山内祐平（2020）『学習環境のイノベーション』東京大学出版会。

山口誠（2011）「行為と記述――アンスコムにおける意志行為をめぐって」、九州大学哲学会『哲学論文集』45輯。

――――（2018）「アンスコムを、どう読むか」、総合文化学研究所『総合文化学論輯』9号。

山田浩司（2019）『EdTech――テクノロジーで教育が変わり、人類は「進化」する』幻冬舎。

山地弘起編著（2016）『かかわりを拓くアクティブ・ラーニング――共生への基盤づくりに向けて』ナカニシヤ出版。

山本晃編著（2019）『自閉症の心と脳を探る　心の理論と相互主観性の発達』星和書店。

山本七平（2018）『「空気」の研究』文藝春秋。

吉川浩満（2018）『人間の解剖はサルの解剖のための鍵である』河出書房新社。

綿野恵太（2019）『「差別はいけない」とみんないうけれど。』平凡社。

巻末資料　問いと応答

※（　）内の章節は初出の箇所

問　い	応　答
問い①「ヒトとは何か」	
問い①-1-1「ヒトとは何か」（はじめに①）	**応答①-1-1**（アリストテレス）「ロゴスを持つ動物」（はじめに①）
問い①-1-2 ロゴスとは何か、動物とはどの動物で、それとどのような相違があるのか（はじめに①）	**応答①-1-2**（松沢）「想像する」能力がある（第１章１（２））
問い①-1-3「ヒト－チンパンジー？」（はじめに②）	**応答①-1-3**（トマセロ）一度創造されたものを継承し、それを改良する能力（第１章２（１）） **応答①-1-4**（トマセロ）他者・道具の意図を理解できる（共同注意ができる）（第１章２（２）） **応答①-1-5**（ヨナス）絵を描くことができる（第１章３（１）） **応答①-1-6**（ヨナス）構想力・想像力（第１章３（１）） **応答①-1-7**「距離を空ける」という働き（第１章３（１））
問い①-2-1 チンパンジーの非能力１　役割分担や互恵性がないのはなぜか（第１章１（２））	**応答①-2-1**「距離を空ける」ことができず、〈始まり〉→〈終わり〉という構造を有する「役割」を理解できないため（第３章３（１））。
問い①-2-2 チンパンジーの非能力２　子どもに何かを教えることをしないのはなぜか（第１章１（２））	**応答①-2-2**「距離を空ける」ことができず、相手を物語文から構成された実践的知識のもとで見ることができないため（第３章３（２））
問い①-2-3 チンパンジーの非能力３「レベル３道具」が限界なのはなぜか（第１章１（２））	**応答①-2-3**「距離を空ける」ことができず、ヒトのようには実践的知識のもとで道具を用いることができないため（第３章３

	（3））
問い①-2-4　チンパンジーの非能力4　誤信念課題に正答できないのはなぜか（第1章1（2））	**応答①-2-4**　その意図を物語文という構造を有する実践的知識のもとで理解することができないため（第3章3（4））
問い①-2-5　チンパンジーの非能力5　二次元の模倣ができないのはなぜか（第1章1（2））	**応答①-2-5**「距離を空ける」という働きが不在であるため（第1章3（2））
問い①-2-6（＝**問い④-1**）　チンパンジーの非能力6　赤い色のカードを見て「赤」を表す図形文字を選ぶことができるようになったとしても、「赤」を表す図形文字を見て赤い色のカードを選ぶことはできないのはなぜか（第1章1（2））	**応答①-2-6**（＝**応答④-1**）〈終わり〉に着目し、そこから「距離を空ける」ことができないため、「二重の否定」に囲まれた物語文から構成された意味を理解していないため（第3章3（5））
問い②　「意図」とは何か	
問い②-1　「意図」とはどのような構造を有し、他者・道具の「意図」を見て取ることはどのようにして可能となっているのか（第1章2（3））	第2章1で応答
問い②-2　慣習的・言語的な意味はいかにして習得されたのか（第2章1（1））	**問い②-5**へと発展的に解消（第2章1（2））
問い②-3　意図の「透明さ」とは何か（第2章1（1））	**応答②-3-1**　物語文によって構成されている実践的知識の枠内で他者の行為が収まる場合、実践的知識や意図は前景化されず、「透明」にとどまる（第3章1（3）） **応答②-3-2**〈始まり〉と〈終わり〉が【　】に入った物語文から構成され、「二重の否定」によって囲繞された実践的知識の枠内に、自他の行動が収まっているため（第3章2（2））
問い②-4　実践的知識はどのような構造をしており、どのように意図的行為を指定するのか（第2章1（2））	**応答②-4-1**　第2章3（2）「物語文による「意図」の捉え直し」で応答 **応答②-4-2**　第3章1（3）「物語文から構成された「二重の否定」の体系　I　他者の行為の意味」で応答

問い②-5　実践的知識はいかにして慣習的・言語的に形成されているのか（第２章１（２））	実践的知識を構成する物語文〈始まり〉→〈終わり〉がどのように習得されたのかという**問い②-8**へ展開（第２章３（４））
問い②-6「実践的知識」が不十分であるにもかかわらず、ある意図的行為とみなすことができてしまっているのはなぜか（第２章１（２））	**応答②-6-1**　その共同体が規範とする「物語」においてその者が「誰」であるかを理解しているため（第２章２（１）） **応答②-6-2**　その者がその周囲の道具・物（者）と実際にどのように関係しているかということから、その共同体の「物語」においてその者が「誰」であるかを理解しているため（第２章２（２）） **応答②-6-3**　実践的知識とは、「二重の否定」によって規定されており、ある者のある行為がその内部に収まるのであれば、その細部が具体化される必要はないため（第３章１（３））
問い②-7　実践的知識の物語文がそうではないという可能性の否定を伴わないのはなぜか（第２章３（２））	**応答②-7**　当初の実践的知識の枠内に収まっている場合には、〈始まり〉と〈終わり〉とは括弧（【　】）に入っており、そうではない可能性との対比において、主題化されない（第３章２（２））
問い②-8　実践的知識を構成する物語文〈始まり〉→〈終わり〉がどのように習得されたのか（第２章３（４））	**応答②-8-1**　実践的知識を構成する物語文は、〈終わり〉から〈始まり〉が規定されたうえで、〈始まり〉から〈終わり〉への変化が物語られることによって生成する（第３章２（１）） **応答②-8-2**〈終わり〉から「距離を空ける」ことによって、新たな〈始まり〉→〈終わり〉という物語文が生成することで、当初の実践的知識は修正される（第３章２（２））
問い②-9　実践的知識の物語文はより複雑なネットワークをなしているのではないか（第３章１（５））	**応答②-9**　第３章２（４）「物語文から構成された「二重の否定」の体系　Ⅳ　他者の行為と「誰」の意味（再考）」で応答

問い③　誰の問い	
問い③-1　我々はいかにしてある者が「誰」であるのかを理解しているのか（第2章2）	**応答③-1**　その共同体における規範的な物語において、我々がある者の「誰」を理解している（第2章2（1））
問い③-2　物語において学ばれる「誰」とはどのような構造を有し、そこで学ばれていることは何か（第2章2（1））	**応答③-2**「誰」は、物語文という構造を有する「実践的知識」から構成されている（第2章3（3））
問い③-3「誰」を構成する実践的知識が多様でありながら、限定されてもいるとすれば、その構造はどうなっているのか（第2章3（3））	**応答③-3**「誰」の意味の内実もまた、行為がそのもとで位置づけられる実践的知識と同様に、物語文によって構成される「二重の否定の体系」によって規定されている（第3章1（4））
問い④　意味の問い	
問い④-1（＝**問い①-2-6**）　ヒトであれば、赤い色のカードと「赤」という文字の関係を理解した場合、反対に、「赤」という文字を見て、赤色のカードを選ぶことができるが、チンパンジーの場合、それができないのはなぜか（第1章1（2））	**応答④-1**（＝**応答①-2-6**）　チンパンジーは〈終わり〉に着目し、そこから「距離を空ける」ことができないため、「二重の否定」に囲まれた物語文から構成された意味を理解していないため（第3章3（5））
問い④-2　翻訳には常に不確定な部分が残るのに、意味の習得がなされるのはなぜか（第1章2（2））	**応答④-2**　生後九か月以後のヒトには「共同注意」が可能であり、「三項関係」が成立したうえで、名指しが行われるため（第1章2（2））
問い④-3　誤解された意味の理解が、その共同体において規範的な意味へといかにして修正されていくのか（第1章2（3））	**応答④-3-1**　当初の意味はそれを用いた際に実践的知識を構成する物語文における〈終わり〉が実現しなかったり、予期しない〈終わり〉が実現した場合に、「否定」され、規範的なものへと修正されていくのである（第3章2（3）） **応答④-3-2**　そのもとである行為を理解することを可能にする実践的知識を構成するネットワークにおいて、「ずれ」ていることが気づかれることで、「否定」され、修正される（第3章2（4））

問い④-4　意味の理解が暫定的なものであるにもかかわらず、我々がそうした自覚を伴わないのはなぜか（第3章2（3））	**応答④-4**「第三者の審級」に承認されているため（第4章2（3））
問い④-5　大人の理解の暫定性が隠蔽され、学習過程の者にとって、その知を有する者として、いわば権威のある者として現れているのは、なぜか（第3章2（3））	**応答④-5**「第三者の審級」として現れることによって、本来は解消されえない理解の暫定性が、隠蔽されているため（第4章2（2））
問い④-6「第三者の審級」はいかにして成立するのか（第4章2（2））	**応答④-6**「求心化―遠心化作用」が「間身体的連鎖」することによって（第4章2（3））
問い④-7　なぜ別々のものである身体が「間身体的連鎖」をなすのか（第4章2（3））	**応答④-7**　第4章2（4）「「間身体的連鎖」は物語としての意味において生起する」で応答
問い⑤〈他者〉の問い	
問い⑤-1〈他者〉はいかに成立するのか（第4章）	**応答⑤-1**「求心化―遠心化作用」によって（第4章1（1））
問い⑤-2　他者と出会っていても「求心化―遠心化作用」が作動しないことがあるのはなぜか（第4章1（1））	**応答⑤-2**　物語としての意味において他者が出会われている場合、「二重の否定」の体系における〈始まり〉と〈終わり〉とその変化へと注意が分散しているため（第4章1（2））
問い⑤-3「求心化―遠心化作用」とは、二つの作用なのか（第4章1（1））	**応答⑤-3**「求心化―遠心化作用」とは、「距離を空けられたものについて再帰的に関わる」ことである（第4章1（2））

《著者紹介》

木 村 史 人（きむら　ふみと）

1979年生まれ．立正大学大学院文学研究科哲学専攻博士後期課程修了．博士（文学）．中国福建省，福州大学外国語学院日本語学科特任副教授を勤めた後，現在，立正大学文学部哲学科准教授．

主要業績

『「存在の問い」の行方――『存在と時間』は，なぜ挫折せざるをえなかったのか』（北樹出版，2015年）

『アーレント読本』（共編著，法政大学出版局，2020年）

『ハイデガー事典』（共編著，昭和堂，2021年）

チンパンジーは、なぜ「教え」ないのか

――ヒトにできて、チンパンジーにできないことを哲学的に考える――

2025年2月28日　初版第1刷発行
2025年4月25日　初版第2刷発行

＊定価はカバーに表示してあります

著　者　木 村 史 人©
発行者　萩 原 淳 平
印刷者　田 中 雅 博

発行所　株式会社　晃 洋 書 房

〒615-0026　京都市右京区西院北矢掛町7番地
電話　075（312）0788番㈹
振替口座　01040-6-32280

装幀　HON DESIGN（小守いつみ）　印刷・製本　創栄図書印刷㈱

ISBN 978-4-7710-3911-7